LE CONTRAT JEUNE MAJEUR

Un temps négocié

Logiques Sociales
Collection dirigée par Bruno Péquignot

En réunissant des chercheurs, des praticiens et des essayistes, même si la dominante reste universitaire, la collection *Logiques Sociales* entend favoriser les liens entre la recherche non finalisée et l'action sociale.

En laissant toute liberté théorique aux auteurs, elle cherche à promouvoir les recherches qui partent d'un terrain, d'une enquête ou d'une expérience qui augmentent la connaissance empirique des phénomènes sociaux ou qui proposent une innovation méthodologique ou théorique, voire une réévaluation de méthodes ou de systèmes conceptuels classiques.

Dernières parutions

Christiana CONSTANTOPOULOU (sous la dir. de), *Récits et fictions dans la société contemporaine*, 2011.
Raphaële VANCON, *Enseigner la musique : un défi*, 2011.
Fred DERVIN, *Les identités des couples interculturels. En finir vraiment avec la culture ?*, 2011.
Christian GUINCHARD, *Logiques du dénuement. Réflexions sociologiques sur la pauvreté et le temps*, 2011.
Jérôme DUBOIS (sous la dir. de), *Les usages sociaux du théâtre en dehors du théâtre*, 2011.
Isabelle PAPIEAU, *La culture excentrique, de Michael Jackson à Tim Burton*, 2011.
Aziz JELLAB, *Les étudiants en quête d'université. Une expérience scolaire sous tensions*, 2011.
Odile MERCKLING, *Femmes de l'immigration dans le travail précaire*, 2011.
Vanessa BOLEGUIN, *La Réunion : une jeunesse tiraillée entre tradition et modernité. Les 16-30 ans au chômage*, 2011.
Maurice MAUVIEL, *L'histoire du concept de culture*, 2011.
Emmanuel AMOUGOU, *Sciences sociales et patrimoines*, 2011.
Gérard REGNAULT, *Les mondes sociaux des petites et très petites entreprises*, 2011.

Nathalie Guimard et Juliette Petit-Gats

LE CONTRAT JEUNE MAJEUR
Un temps négocié

Préface de David Pioli

Sous la direction de Marc Bessin,
sociologue, chargé de recherche au CNRS,
directeur de l'Iris (Institut de recherche interdisciplinaire sur les enjeux sociaux)
à l'EHESS (Ecole des hautes études en sciences sociales).

Sous la responsabilité de l'O.N.E.D.
Observatoire national de l'enfance en danger

© L'Harmattan, 2011
5-7, rue de l'Ecole-Polytechnique, 75005 Paris

http://www.librairieharmattan.com
diffusion.harmattan@wanadoo.fr
harmattan1@wanadoo.fr

ISBN : 978-2-296-55518-1
EAN : 9782296555181

Préface de David Pioli

David Pioli est docteur en sociologie et chargé d'études à l'Observatoire national de l'enfance en danger.

En 2008, l'Oned rend public un rapport consacré à la préparation et à l'accompagnement des jeunes en fin de mesure et lance parallèlement un appel d'offres de recherches sur le même sujet.
L'intérêt de l'observatoire pour cette thématique est alors lié à la forte préoccupation de la part des services de protection de mieux connaître le devenir des jeunes qui leur ont été confiés. Ceci, alors même qu'on observe une forte prévalence chez les jeunes précaires d'une histoire ponctuée par des accueils et placements dans les services de protection de l'enfance[1] et que d'aucuns envisagent de faire de cette question du devenir un des indicateurs d'évaluation de la politique publique départementale de protection. Plusieurs recherches sont ainsi en cours de réalisation. On pense en premier lieu à l'Etude longitudinale sur l'autonomisation des jeunes après un placement, dirigée par Isabelle Frechon (INED/CNRS), mais aussi à plusieurs travaux menés à l'échelle d'un département et à l'initiative des conseils généraux (dans le Rhône, la Gironde, les Yvelines…).
Généralement, les travaux portant sur cette thématique soulignent dans leurs attendus un même point de tension. Chacun s'accorde ainsi sur le fait que l'accès à l'autonomie des jeunes est de plus en plus long et difficile. Or, on constate parallèlement que les jeunes issus des dispositifs de protection de l'enfance, bien que plus vulnérables que les autres jeunes, sont contraints par les services de protection de l'enfance de formuler des projets d'insertion dès l'approche de leur majorité. Du moins est-ce une des conditions de la signature du contrat jeune majeur, seul dispositif aujourd'hui existant pour accompagner ces jeunes au-delà de leur minorité - a

---

[1] FIRDION Jean-Marie, « Influence des événements de jeunes et héritage social au sein des populations utilisatrices des services d'aide aux sans-domicile », *Economie et statistique*, 2006, pp. 85-114.

fortiori depuis la décision du ministère de la Justice de ne plus financer les mesures de protection jeune majeur.

Si l'étude du contrat jeune majeur ne dit pas tout de la compréhension des situations de jeunes à la sortie des prises en charge, et encore moins du devenir du jeune à long terme[2], il n'en reste pas moins un objet de recherche d'importance.

Le choix de N. Guimard et J. Petit-Gats de s'intéresser prioritairement à ce dispositif spécifique ne pouvait ainsi que rencontrer celui de l'Observatoire et de ses partenaires.

Et il en va de même pour ce qui est des résultats de la recherche présentés dans cet ouvrage.

L'éclairage porté sur le recours aux contrats jeunes majeurs au sein de trois structures gérées par l'association Jean Cotxet nous donne à voir tout à la fois les logiques des acteurs – professionnels et jeunes – et les transformations et effets de la contractualisation des politiques de solidarité. Cela est rendu possible par les choix méthodologiques effectués, la richesse des matériaux recueillis, et l'inventivité de l'équipe de recherche, encadrée par Marc Bessin.

L'analyse de plus de 200 lettres de jeunes envoyées entre 1975 et 2008 aux services de l'Aide sociale à l'enfance, la réalisation de plus de 40 entretiens auprès de jeunes et de professionnels, ainsi que de nombreuses observations participantes ont ainsi permis aux auteurs de mettre au jour au moins trois éléments qui nous paraissent essentiels.

Le premier des trois est l'évolution des attendus implicites auxquels se réfèrent les services de protection de l'enfance pour accorder ou non un contrat jeune majeur, et en amont les stratégies des jeunes et celles des professionnels au regard de la perception qu'ils ont de ces attendus. La lecture du courrier des jeunes et des entretiens qui suivent ces échanges épistolaires semble mettre en exergue la nécessité de plus en plus affirmée pour le jeune d'expliciter son projet individuel et de fournir des garanties quant à sa détermination. Parallèlement, les stratégies de mise en scène de

---

[2] JUNG Céline, *L'Aide sociale à l'enfance et les jeunes majeurs: comment concilier protection et pratique contractuelle*, L'Harmattan, 2010.

soi évoluent. Les registres de l'engagement et de la responsabilisation se substituent à celui des souffrances et difficultés ayant émaillé le vécu des jeunes.

Le deuxième élément d'importance concerne la manière dont les professionnels ont intériorisé les fondements de cette contractualisation de l'aide dans leur lecture de la situation du jeune, et dans la manière dont ils se positionnent face à une éventuelle demande de ce dernier en termes d'accès au dispositif. Le recours aux contrats jeunes majeurs semble ainsi partiellement déterminé par la manière dont le professionnel perçoit la situation autour de deux axes : la capacité d'insertion du jeune, et la qualité de la relation éducative. Se dégage notamment une situation que les auteurs qualifient « d'idéale » où le processus d'insertion semble déjà engagé et où la relation éducative est jugée « satisfaisante ». Bref, il s'agit d'une situation au sein de laquelle le jeune est perçu comme un adulte responsable ayant déjà fait l'acquisition d'une forme d'autonomie... Le recours au dispositif paraît alors être proposé prioritairement aux jeunes qui sont les moins en difficulté. En ce sens, et comme le fait aussi remarquer C. Jung dans un travail récent[3], la contractualisation semble avant tout protéger le professionnel et l'institution, lesquels s'engageront d'autant plus volontiers auprès d'un jeune qu'ils l'estimeront capable d'honorer son engagement. Le recours au contrat n'agit-il pas ainsi comme un processus de filtre dans un contexte organisationnel et financier où chacun est de plus en plus invité à rendre des comptes ?

Enfin, la recherche a permis de dégager une typologie des jeunes bénéficiaires en fonction du sens qu'ils donnent à leur parcours. C'est l'occasion pour les auteurs de souligner combien, au delà des logiques des professionnels et institutions, les jeunes restent acteurs dans les processus de négociation ; mais des acteurs dont les stratégies semblent surdéterminées par la manière dont ils auront vécu et compris leur parcours institutionnel, en commençant par le moment de la première séparation d'avec leur environnement familial.

---

[3] Ibid.

En publiant aujourd'hui cet ouvrage, L'Harmattan va permettre à un grand nombre de lecteurs - chercheurs, décideurs, gestionnaires et travailleurs sociaux - d'accéder à des éléments de connaissance nouveaux et utiles aux missions des uns et des autres. Nous espérons que chacun d'entre eux prendra autant de plaisir et d'intérêt à lire l'ouvrage de N. Guimard et de J. Petit-Gats que nous en avons eu à suivre le déroulement de la recherche et à en découvrir les résultats.

INTRODUCTION

En France, en 2007, 21 565 jeunes âgés entre 18 et 21 ans sont pris en charge ou accompagnés par l'Aide sociale à l'enfance. Ils représentent 0,84% de la population de cet âge[4]. Aujourd'hui, ces prises en charge posent question notamment aux professionnels de la protection de l'enfance au regard de différentes évolutions (recul de l'âge de l'indépendance, l'allongement des études, etc.), les jeunes issus de la protection de l'enfance devant quitter les dispositifs à leurs 21 ans au plus tard. Certes, ces préoccupations ne semblent concerner que le champ de la protection de l'enfance, cependant, au-delà de l'intérêt nécessaire pour cette catégorie de la population, s'intéresser aux jeunes majeurs c'est poser la focale sur de nouvelles logiques qui se sont ancrées ces dernières années dans le champ de l'assistance. L'attention est souvent portée sur les dispositifs du R.M.I. ou du R.S.A. alors que celui qui encadre l'assistance aux jeunes majeurs (le Contrat jeune majeur) mériterait un plus grand intérêt.

Cette étude a été réalisée dans le cadre d'un appel d'offres en 2008 de l'Observatoire national de l'enfance en danger (O.N.E.D). Ayant pour objectif principal de comprendre comment se déroule le départ des jeunes devenus majeurs (18 à 21 ans) placés à l'Aide sociale à l'enfance, elle s'est focalisée à la fois sur les moments précédant les départs (jeunes dont la fin de prise en charge est proche), et sur la période suivant cette sortie (jeunes anciennement placés et sortis depuis quelques années), en avançant quelques questions. Quels sont les axes d'intervention développés par les équipes éducatives ? Quels sont les moyens mis en place par les travailleurs sociaux, par les services de l'association mais aussi par les jeunes eux-mêmes (en termes de stratégies et de ressources mobilisées) ? Ces moyens correspondent-ils aux besoins des jeunes? Comment eux vivent-ils ces départs ? Ceux-ci sont-ils

---

[4] Rapport annuel de l'ONED, avril 2010. Consultation libre sur le site de l'ONED.

négociés, préparés ou au contraire sont-ils abrupts ?[5] Quelles sont les procédures ainsi que les rituels effectués lors de la période précédant la sortie, et quels sont leurs impacts sur la vie future ?

Se focaliser uniquement sur des personnes majeures implique un autre regard sur les modalités de fin de prise en charge. L'État est en devoir d'assister et d'intervenir auprès des mineurs dont les parents sont confrontés à des difficultés dans l'exercice de leurs responsabilités. L'assistance pour les majeurs n'est quant à elle plus obligatoire et se situe dans un cadre particulier : le Contrat jeune majeur[6] (C.J.M.). Ainsi, dès lors que le jeune placé a atteint sa majorité, les interventions se modifient et reposent sur l'idée de libre adhésion du jeune à sa mesure d'accompagnement.

S'agissant d'une association, les établissements restent relativement « maîtres[7] » de leur décision quant à l'accueil ou non des jeunes dans la structure (même si les financements obligent par exemple à la sectorisation). Les inspecteurs, eux, restent « maîtres » de la décision finale quant au renouvellement ou non d'une prise en charge. Nous constatons alors qu'il s'agit d'un espace de négociations où les acteurs sont interdépendants et liés les uns aux autres dans un rapport de dépendance réciproque, de façon consciente ou non. Interdépendance dont l'analogie de Norbert Elias (1985) avec le jeu d'échecs nous semble éclairante : *« Comme au jeu d'échecs, toute action accomplie dans une relative indépendance représente un coup sur l'échiquier social qui déclenche infailliblement un contrecoup d'un autre individu (...) limitant la liberté d'action du premier joueur. »*[8]

---

[5] DAVID Myriam, *Le placement familial, de la pratique à la théorie*, 2004 (5ᵉ édition), Paris, Dunod.
[6] Nous nous intéressons dans cette étude aux jeunes placés dans le cadre d'une mesure civile.
[7] Relativement car différents enjeux en effet qui n'apparaîtront pas dans ce travail traversent les institutions ; par exemple, les inspecteurs, les éducateurs de l'A.S.E. ou les structures ont comme intérêt de maintenir des ententes au risque pour chacun de se retirer des possibilités (les institutions sont payées par les départements qui ont besoin, au travers des éducateurs A.S.E., de trouver des places dans les foyers).
[8] ELIAS Norbert, *La société de cour*, Flammarion, 1985.

Il ne nous a pas été possible de saisir l'ensemble des négociations qui se mettent en place dans ces formes d'interrelations[9]. Cependant, si ces interrelations sont marquées par le pouvoir (au sens relationnel du terme), cela nous permet de nous détacher de l'idée que les professionnels seraient entièrement soumis au pouvoir hiérarchique, aux décisions et aux politiques sociales. Le concept de contexte de négociations, tel qu'il a pu être développé par Anselm Strauss, nous a permis de mieux appréhender les enjeux[10]. Ce contexte de négociation doit se comprendre en corrélation avec le contexte structurel, les deux exerçant des influences réciproques. Ce contexte structurel, nous l'abordons pour montrer l'évolution de ce mode de prise en charge. Il s'agit également de comprendre comment les contraintes qui s'imposent aux acteurs (professionnels et jeunes) ont des conséquences sur les modalités de fin de prise en charge.

Notre principale hypothèse était que ce cadre légal de l'assistance aux jeunes majeurs et la fin de prise en charge à 21 ans maximum agissent à la fois sur les parcours de vie des jeunes et sur les pratiques éducatives et institutionnelles. L'enjeu qui sous-tend les négociations entre les acteurs (les professionnels de terrain, les décisionnaires, les politiques sociales et les jeunes) est la maîtrise des trajectoires de ces jeunes, chacun ayant une certaine conception de ce que doit devenir un jeune de l'A.S.E..

C'est bien l'avenir d'un individu inscrit dans la société qui se pose. Or, pour pouvoir maîtriser son avenir, se projeter, anticiper, prévoir, il faut avoir une certaine maîtrise du temps et ne pas être dans l'urgence d'un besoin. L'individu doit pour cela avoir suffisamment de supports, c'est-à-dire *« la capacité de disposer de réserves qui peuvent être de type relationnel, culturel, économique, etc. et qui sont les assises sur lesquelles peut s'appuyer la possibilité de développer des stratégies individuelles »*[11]. Ces

---

[9] Par exemple, les négociations entre les inspecteurs et leurs supérieurs hiérarchiques, ou celles des éducateurs avec les cadres des structures.
[10] STRAUSS Anselm, *La trame de la négociation : sociologie qualitative et interactionnisme*, Editions L'Harmattan, 1992.
[11] CASTEL Robert, et HAROCHE C., *Propriété privée, propriété sociale, propriété de soi : entretiens sur la construction de l'individu moderne,*

supports permettent ainsi à l'individu de « *développer des stratégies personnelles, de disposer d'une certaine liberté de choix dans la conduite de sa vie parce que l'on n'est pas dans la dépendance d'autrui* »[12]. Quels sont les supports dont les jeunes disposent lorsqu'ils partent des dispositifs ?

En confrontant la parole des jeunes à celle des professionnels, on met en exergue ce qu'implique le C.J.M. en termes d'engagements et de contraintes pour chacun d'entre eux. Ce qui semble novateur et pertinent dans cette étude, c'est également comprendre que les expériences vécues des professionnels et le sens qu'ils attribuent aux différentes situations rencontrées ne correspondent pas toujours au sens vécu des jeunes majeurs. Ce parti pris pour la méthode est intéressant car il évite de rester dans une vision normative vis-à-vis de ces sorties (par exemple, la bonne sortie serait celle où le jeune accède à un emploi, un logement...) et déterministe vis-à-vis de ces parcours de vie.

Dans le premier temps de cet ouvrage, nous rappelons le contexte dans lequel s'est inscrite cette étude, notamment en soulignant le paradoxe suivant : les jeunes aujourd'hui basculent dans la vie adulte de plus en plus tardivement et de manière réversible, les jeunes placés doivent être quant à eux autonomes à leurs 21 ans ne pouvant pas bénéficier d'un soutien familial suffisant.
La deuxième partie est consacrée aux influences du C.J.M., devenu outil unique, sur les représentations et les pratiques des professionnels. Nous observons également comment ceux-ci jugent les situations qu'ils rencontrent, en mettant en valeur leur grille de lecture.
Dans un troisième et dernier temps, en nous appuyant sur les discours des jeunes, nous voyons l'influence de cette prise en charge sur leur manière d'anticiper leur départ, et de façonner leur futur parcours personnel.

Fayard, 2001
[12] Ibid

Le travail de terrain

Notre étude s'est axée sur trois établissements de l'association Jean Cotxet[13], que nous nommons ici **Belharra**, **Jaws**, et **Kirra** par souci de confidentialité. Notre choix s'est porté sur ces structures car elles recensent à elles trois près de la moitié de la population Jeune majeur de l'association et parce qu'elles développent des pratiques particulières (un accueil spécifique afin de préparer les jeunes à la sortie et un service de suite pour les anciens dans l'une des structures).

Nous avons rencontré des difficultés à nous procurer les coordonnées de jeunes placés et anciennement placés. Certains professionnels ont jugé notre démarche d'enquête trop intrusive. Les éducateurs ont pour la plupart préféré contacter au préalable les jeunes pour les prévenir de l'étude. Pour les anciens se pose la question du contact au delà du mandat. Celui-ci achevé, le droit d'intervention des professionnels dans la vie privée des jeunes n'est plus légitime, ni légalement, ni moralement. L'enquête a été perçue comme une atteinte à l'intimité de ces jeunes. Si nous considérons que le respect de l'intimité d'autrui se caractérise par *« de la réciprocité et de la présence lorsque autrui, dans un mouvement de sortie de soi et d'exposition de lui-même, donne à connaître de son intériorité »*[14], recontacter ces jeunes serait de l'ordre de l'intrusion car les professionnels ne peuvent rien leur proposer en retour, autrement dit ils ne sont pas dans la réciprocité : *« A quoi ça sert de recontacter ces personnes, de savoir qu'ils ne vont pas bien si on ne peut rien faire pour eux ? C'est juste de la curiosité, du voyeurisme. »* (Éducateur spécialisé).

---

[13] Association loi 1901, créée en 1959, œuvrant dans la protection de l'enfance et la jeunesse en difficulté, située en Ile-de-France. Elle regroupe quatorze foyers éducatifs, deux services d'accueil familial, trois services IOE, AEMO, un lieu de rencontre, trois équipes de prévention spécialisée, cinq équipes de développement local, trois foyers d'accueil d'urgence, deux ateliers scolaires, un service d'accueil de jour éducatif, un service de réparation pénale.

[14] MATRAY Bernard, « Intimité n'est pas insularité », in *Pudeur, Etudes* 2001/2, Tome 394, pp.180-196.

Au delà du problème de non-réciprocité se dessine la confusion provoquée par ce type de situation. Pour certains, se rendre compte que des anciens peuvent rencontrer des difficultés fortes dans leur insertion remet en cause les pratiques et les dispositifs. Interroger des jeunes sortis des structures a été jugé non éthique en étant intrusif, ou comme venant s'inscrire dans une démarche d'évaluation des pratiques. Nous avons échangé avec les professionnels afin d'expliquer l'apport de ce type d'enquête et engagé une meilleure communication. Les réticences ont pu être finalement dépassées et nous avons passé les entretiens auprès des professionnels, des jeunes et des anciens de ces trois établissements[15].

La population enquêtée par questionnaire

Nous avons utilisé un questionnaire rempli par des jeunes majeurs hébergés dans les différents établissements de l'association. Ce questionnaire a été construit dans le but de mieux connaître la population jeune majeur de l'association. Nous les avons interrogés sur leur vie scolaire ou professionnelle, sur leur vie amicale, amoureuse et familiale, sur leur santé, leur citoyenneté, sur leurs projets, etc. Ils ont été complétés par les éducateurs des foyers, ou parfois par les jeunes eux-mêmes. Pour l'année 2008, nous avons recueilli 72 questionnaires[16] et 88 en 2009[17]. Cette technique de recueil de données nous permet de faire certains constats. Cependant, elle nous semble trop restrictive concernant la manière dont les jeunes vivent cette fin de prise en charge. Nous avons alors décidé de les rencontrer lors d'entretiens.

---

[15] Cf. annexe 2.
[16] Soit 67% des jeunes majeurs accueillis par les foyers (107 jeunes présents au 31 décembre 2008, Bilan d'activité 2008 de l'Association Jean Cotxet).
[17] Soit 79% des jeunes majeurs accueillis par les foyers (115 jeunes présents au 31 décembre 2009).

Les entretiens semi-directifs passés...

Nous avons interviewé 42 personnes : 23 professionnels et 19 jeunes[18]. Il a été choisi de rencontrer un maximum d'acteurs de statuts différents œuvrant plus ou moins directement dans la vie des jeunes majeurs. Il a été plus difficile de rencontrer les Inspecteurs de l'A.S.E.. Nous supposons que ceux-ci, peu nombreux sur un département, pouvaient nourrir des craintes liées à la confidentialité de leurs propos.

Observations participantes de signatures de contrat jeune majeur

Afin de nous « assurer de la réalité des pratiques évoquées en entretien[19] », nous avons enrichi le recueil de nos données par la technique d'observation. L'entretien, où se décident les modalités du contrat jeune majeur, réunissant l'inspecteur de l'A.S.E., l'éducateur référent de l'A.S.E., l'éducateur référent du foyer et le jeune majeur, nous a semblé particulièrement pertinent à observer, ceci afin de mieux comprendre les logiques d'acteurs et les différentes interactions qui s'y déroulent. Nous avons pu réunir sept observations en optant pour deux modes d'observation :
- observation non participante, où les différents protagonistes acceptent que la rencontre soit enregistrée et entièrement retranscrite par la suite
- observation participante (les professionnels ne sont pas informés de la démarche), possible grâce au statut professionnel d'une des chargées de cette étude. Sans entrer dans les détails entre les avantages et les inconvénients de ces modes d'observation, nous signalons que le deuxième type d'observation pose la question de l'implication de l'enquêteur du fait de sa posture professionnelle ainsi que celle du malaise moral que peut provoquer cette technique (impression de « voler » des informations). Pour éviter

---

[18] Cf. annexe 3.
[19] ARBORIE Anne-.Marie., FOURNIER Pierre., *L'enquête et ses méthodes, l'observation directe*, Armand Colin, Paris, 2008.

ces risques, l'analyse de l'entretien a été discutée avec l'autre auteur de cette étude pour rechercher le plus d'objectivité possible dans ce qui est observé, en prêtant systématiquement une grande attention à la question de l'anonymat et au fait que les personnes ne puissent pas se reconnaître.

Recueil de lettres de jeunes

Nous avons travaillé sur un corpus de près de 210 lettres écrites par des jeunes majeurs de 1975 à aujourd'hui pour l'obtention d'un contrat jeune majeur ou d'une protection jeune majeure[20]. Ces lettres proviennent de deux structures, terrains de l'étude, ainsi que d'un autre foyer éducatif extérieur à l'association. Ce dernier a conservé les dossiers des jeunes depuis les années 70, et il accueille uniquement des garçons, dont beaucoup d'entre eux sont placés sous l'Ordonnance de 1945. Ces lectures nous ont permis d'observer certains changements idéologiques et de pratiques dans le champ des politiques sociales, plus particulièrement dans le contexte de la protection de l'enfance.

---

[20] Ces lettres ont été l'objet de la publication d'un article. GUIMARD Nathalie, PETIT GATS Juliette, « Jeunes en quête de statut » in *Recherches familiales,* janvier 2010, n°7.

Partie 1 : Transition vers l'âge adulte : Cas particulier des jeunes majeurs

I/ Aujourd'hui, devenir adulte

A/ Le passage à l'âge adulte, des définitions plurielles

Lorsque, dans les années 40, Parsons[21] propose une première analyse sociologique de la jeunesse comme nouvelle classe d'âge (la "youth culture"), celle-ci s'apparente plus à ce que différents auteurs appellent en France dans les années 60 « l'adolescence ». Définie par la culture de l'irresponsabilité, elle est alors considérée comme un passage entre l'enfance et l'âge adulte et fondée notamment sur une division des normes sexuées censées préparer aux rôles sociaux de l'âge adulte. Cette période, qui s'est développée notamment avec l'allongement des études supérieures, est alors caractérisée par des pratiques sociales codifiées comme l'apparition du flirt. Elle trouve alors rapidement son terme dans le mariage et la construction d'une famille.

Depuis, les définitions de la jeunesse se sont multipliées, qu'il s'agisse de définitions politiques ou scientifiques. Elles ne cessent d'interroger l'émergence de cette nouvelle classe d'âge, son achèvement et ses propriétés spécifiques. Ces définitions s'intéressent aux différentes transformations sociales en questionnant notamment les seuils de passage vers l'âge adulte. Certains sociologues (Olivier Galland, Catherine Villeneuve-Gokalp, Gérard Mauger) s'appuient sur différents seuils définissant la transition vers l'âge adulte[22] : la sortie du système scolaire,

---

[21] PARSONS Talcott, « Age and sex in the social structure of the US », *American sociological review*, 1942, pp. 604-618.
[22] Cinq seuils ont été proposés en 1976 par John Modell, Frank Fustenberg et Theodore Hershberg, John MODELL J. *et al* (1976),

l'entrée sur le marché du travail, le départ de la famille d'origine, le mariage et enfin la constitution d'une nouvelle famille avec la naissance d'enfants[23]. Pour Olivier Galland[24], l'adolescence, plus proche de l'enfance que de l'âge adulte, est ainsi clairement différente de la jeunesse étant caractérisée par une dépendance matérielle, le développement d'une culture jeune et une protection des adultes. La jeunesse, quant à elle, est marquée par une indépendance matérielle, le plus souvent partielle. Phase de transition et de préparation aux rôles adultes, elle est définie comme un cycle de vie avec ses propres intérêts fonctionnels. D'autres chercheurs (Claudine Attias-Donfut[25], Thierry Blöss[26]) définissent la jeunesse selon une approche générationnelle, afin de retracer les rapports sociaux qui structurent cette période de vie et de saisir les mutations sociales des cycles de vie[27]. Enfin, dans le champ des sciences de l'éducation, cette transition est analysée *« dans une perspective subjective et intérieure[28] »* récusant des définitions basées sur des critères de réussite (Barbara Stauber, Andras Walter[29]).

« Social Change and Transition to Adulthood in Historical Perspective », *Journal of family History*, (1/1), p. 7-32.
[23] CICHELLI Vincenzo, MERICO Maurizio, « Le passage tardif à l'âge adulte des Italiens : entre maintien du modèle traditionnel et individualisation des trajectoires biographiques », *Documentation française, Horizons stratégiques*, 2007/2 - n° 4, pp. 70- 87
[24] GALLAND Olivier, *Sociologie de la jeunesse*, Armand Colin, Paris, 2007
[25] ATTIAS-DONFUT Claudine, *Générations et âges de la vie,* Paris, PUF, collection « Que sais-je ? » n° 2570, 1991, 126p.
[26] BLOSS Thierry, « Une jeunesse sur mesure, la politique des âges », in *Cahiers internationaux de sociologie*, décembre 1994, p. 253-276.
[27] BLOSS Thierry et FERONI Isabelle, « Jeunesse : objet politique, objet biographique », *Enquête*, n°6, *La socialisation de la jeunesse*, 199. Mis en ligne le 8 février 2006, http://enquete.revue.org/document147.html
[28] « Entrer dans l'âge adulte, la préparation et l'accompagnement des jeunes en fin de mesure de protection », rapport ONED, 2008
[29] WALTER Andreas, STAUBER Barbara (sous la direction de*), Misleading trajectories. Integration adults in Europe ?* Leske, Budrich, Opladen, 2002.

Ces différentes recherches, si elles n'aboutissent pas à des définitions stables de la jeunesse, permettent néanmoins de souligner le caractère dynamique de cette transition vers l'âge adulte. Les chercheurs s'accordent ainsi sur plusieurs points : les mutations conjoncturelles et structurelles de notre société ont engendré une transformation des définitions sociales des âges de la vie et un brouillage des frontières délimitant l'âge de la jeunesse de l'âge adulte.

B/ Une indépendance de plus en plus tardive

Un nombre important d'études sociologiques mettent en évidence l'allongement des études[30], une entrée dans le monde professionnel plus tardive et un report de l'installation dans le premier logement. L'instabilité du marché du travail, liée à la crise de la société salariale, et l'allongement des études sont des éléments clés pour comprendre ce report de l'indépendance financière et résidentielle. La stabilisation sur le marché du travail entraîne en effet rapidement l'indépendance résidentielle. Ainsi en 2005, 56% des jeunes de 18 à 29 ans quittent le domicile parental pour s'installer dans un logement personnel (autre que des foyers, logements étudiants et internats). Parmi eux, 17% sont étudiants, 62% ont un emploi temporaire et 82% ont un emploi stable[31]. Cette indépendance de plus en plus tardive et l'incertitude qu'elle peut générer ne s'effectuent pas avec les mêmes modalités pour tous les jeunes, et renforcent des inégalités déjà persistantes, « *le brouillage des étapes du cours de vie n'accompagne pas un brouillage des classes : cette faculté de faire face aux incertitudes restant déterminée socialement, ces dérégulations accentuent les*

---

[30] ESTRADE Mathieu-Antoine, MINNI Claude, « La durée des études a doublé en cinquante ans » *Insee Première*, septembre 1996.
[31] JAUNEAU Yves, « L'indépendance des jeunes adultes : chômeurs et inactifs cumulent les difficultés », *Etudes sociales*, n°1156, INSEE, sept 2007.

inégalités »[32]. Les parcours scolaires et professionnels dépendent fortement des catégories sociales et des origines nationales. A titre d'exemple, les enfants d'ouvriers connaissent plus de périodes de chômage, occupent davantage d'emplois temporaires et sont moins dans des processus de stabilisation que les enfants de cadres ou de professions intermédiaires. Les enfants dont le père est d'origine maghrébine rencontrent aussi de fortes difficultés d'insertion professionnelle. Au bout de 5 ans, la moitié d'entre eux n'ont pas d'emploi stable contre le tiers des jeunes dont le père est né en France[33]. L'ancrage socioprofessionnel des parents dans un réseau et sur un territoire a également des effets sur le parcours scolaire et l'insertion professionnelle de leurs enfants[34].

Les événements précarisants au sein de la cellule familiale (baisse de revenus, divorce, décès d'un parent, problème de santé) peuvent aussi avoir des conséquences néfastes sur l'insertion professionnelle des enfants[35]. Etre orphelin à moins de vingt ans d'un ou de ses deux parents rend plus difficile l'accès à un diplôme, influençant alors le parcours professionnel[36]. Lorsqu'un jeune cumule plus de trois facteurs de précarité (problèmes de santé des parents, baisse de revenus des parents, éclatement familial durant l'enfance), le risque de rester à l'écart de l'emploi pendant les cinq premières années de la vie active est deux fois plus élevé.[37] Les bassins d'habitation font également apparaître de fortes inégalités concernant les salaires, les offres d'emplois ainsi que les offres de logement[38].

---

[32] BESSIN Marc, « La compression du temps : une déritualisation des parcours de vie ? *Education permanente*, n° 138, « les âges de la vie », 1999, pp.75-85, p.4
[33] LOPEZ Alberto et THOMAS Gwenaëlle, « L'insertion des jeunes sur le marché du travail, le poids des origines socioculturelles », *Données sociales*, La Société française, éd. 2006.
[34] Ibid
[35] Ibid
[36] BLANPAIN Nathalie, « Perdre un parent pendant l'enfance : les effets sur le parcours scolaires, professionnel, familial et sur la santé à l'âge adulte ? » *Etudes et résultats*, N° 668, DRESS, Oct. 2008.
[37] LOPEZ Alberto et THOMAS Gwenaëlle, opus cit, 2006.
[38] SIMONNET Véronique et ULRICH Valérie, « La formation professionnelle et l'insertion sur le marché du travail : l'efficacité du

Enfin, le processus d'inflation des diplômes[39] affecte également les parcours scolaires et professionnels. Un jeune sortant du système éducatif sans diplôme a 26% de chances de rencontrer un parcours professionnel dominé par le sous-emploi contrairement à un jeune sortant avec un diplôme (2% de chances). Un jeune sur trois sans diplôme s'insère néanmoins rapidement et durablement dans un emploi, pour les autres, le processus d'insertion peut dépasser très largement les trois premières années.[40] Le diplôme a un double rôle, il permet de diminuer les risques de chômage et surtout, il favorise l'accès à des emplois plus qualifiés et mieux rémunérés.[41]

Le niveau monétaire des jeunes est plus bas que le reste de la population. 21% ont des découverts bancaires réguliers (13% de la population totale). A revenu équivalent, les jeunes déclarent faire plus de restrictions de consommation (alimentation et conditions de vie) que le reste de la population. Les jeunes couples sans enfants rencontrent moins de difficultés financières que les autres.[42] 29% des jeunes ayant quitté le domicile familial disent vivre dans un logement trop petit (contre 16% de la population totale), 29% parlent de difficultés de chauffage (24% de la population totale). La pauvreté est plus marquée chez ceux dont les parents ont eux-mêmes connu des difficultés financières, même pour ceux qui ont un emploi stable.[43]

---

contrat d'apprentissage » in *Economie et Statistiques*, n° 337-338, 2000, pp. 81-95.
[39] PASSERON Jean-Claude, « L'inflation des diplômes », *Revue française de sociologie*, 23 (4), 1982.
[40] GASQUET Céline, ROUX Valérie, « Les sept premières années de vie active des jeunes non diplômés : la place des mesures publiques pour l'emploi », in *Economie et statistique*, n°400, 2006.
[41] GALLAND Olivier, 2007, Opus cit..
[42] JAUNEAU Yves « L'indépendance des jeunes adultes : chômeurs et inactifs cumulent les difficultés », *Etudes sociales*, n°1156, INSEE, sept 2007.
[43] Ibid..

C/ Une désynchronisation des seuils de passage

L'entrée dans la vie adulte dans le schéma traditionnel est définie par une succession ordonnée des temps de vie et une forte synchronisation des seuils (l'éducation pour la jeunesse, le travail continu pour l'âge adulte et la retraite pour la vieillesse).[44] Aujourd'hui, elle est déterminée par une forte désynchronisation de ces seuils de passage.[45] Alors que l'indépendance résidentielle s'effectue rapidement après la stabilité professionnelle, il n'en est plus de même pour la mise en couple et la naissance du premier enfant. Les seuils professionnels et familiaux ne se suivent plus de manière évidente chez les jeunes d'aujourd'hui. L'écart se creuse entre l'accès à un emploi stable et la naissance d'un premier enfant : huit ans d'écart pour les hommes et six pour les femmes. Cet écart est d'autant plus fort pour les jeunes qui font des études longues. Les différents seuils du passage à la vie adulte deviennent réversibles, les parcours de vie ne pouvant plus être appréhendés de façon linéaire.[46] Les jeunes peuvent faire des allers et retours entre leur logement personnel et le domicile des parents[47]. L'autonomie matérielle et l'autonomie identitaire ne vont également plus de pair aujourd'hui, les jeunes peuvent être dépendants financièrement de leurs parents alors qu'ils ont acquis une autonomie identitaire vis-à-vis d'eux. Nous sommes ainsi passés d'un modèle de l'identification « *fondé sur un processus de transmission sans altération d'une génération à une autre de statuts et de valeurs relativement stables* »[48] à un modèle de l'expérimentation. Les jeunes cherchent des références et des valeurs à l'extérieur du cadre familial, afin de construire leurs propres identité et statut ainsi que de s'inscrire dans un rôle adulte

---

[44] GUILLEMARD Anne-Marie, *Où va la protection sociale ?*, PUF, 2008.
[45] Cette désynchronisation s'observe dans tous les pays européens ainsi qu'aux Etats-Unis.
[46] BESSIN Marc, 1999, opus cit. p.4.
[47] CICCHELLI Vincenzo et MERICO Maurizio, 2007, opus cit..
[48] GALLAND Olivier, 2007, opus cit..

plus défini. Dans une étude menée auprès de 300 jeunes américains âgés de 18 à 29 ans,[49] les jeunes décrivent cette période comme l'âge des explorations identitaires où il faut trouver sa « place dans le monde ». C'est aussi le temps de l'instabilité (de nombreux déménagements jusqu'à 30 ans, et une moyenne de sept emplois occupés entre 20 et 29 ans). C'est également un moment propice pour se focaliser sur soi-même. Désormais, ce cycle de vie ne peut plus se comprendre comme une phase d'apprentissage des rôles adultes, mais comme un temps où l'individu se construit progressivement. Cette transition vers l'âge adulte a perdu la symbolique de ses rites de passage. Un certain nombre ont même disparu (les fiançailles) ou a fortement diminué (le mariage)[50]. Ce déclin s'explique par la moins grande importance donnée aux catégories d'âge et notamment à celle des « aînés », de la séniorité[51], par la transformation des rapports d'autorité entre les générations ainsi que l'établissement de rapports plus égalitaires entre les différents membres de la famille. Par ailleurs, la déritualisation de cette transition tient compte aussi de l'affaiblissement du contrôle du masculin sur le féminin, les rites de passage étant des modes de distinction entre les âges mais surtout entre les sexes.[52] Le rite a pour fonction de marquer le basculement définitif, irréversible dans un nouveau statut. La désynchronisation des seuils d'accès à la vie adulte a brisé pour

---

[49] ARNETT, Jeffrey Jensen, « Youth at Risk: Toward Realizing the Possibilities of Emerging Adulthood », actes du colloque « *Passage à la vie autonome des jeunes en difficultés* », ENAP, Montréal, Québec, les 4 et 5 juin 2009.
[50] GALLAND Olivier, 2007, opus cit..
[51] BOZON Michel, « Des rites de passage aux premières fois, une expérimentation sans fin » in *Les transformations des rites de la jeunesse: Rites et seuils, passages et continuités* (sous la direction de Marc Bessin), Agora Jeunesse, 2002, n°28, pp. 22-33 et GALLAND Olivier, *Sociologie de la jeunesse*, opus cit..
[52] BOURDIEU Pierre, « Les rites comme actes d'institution » In: *Actes de la recherche en sciences sociales.* Vol. 43, *Rites et fétiches,* juin 1982, pp. 58-63.

partie cette irréversibilité,[53] réduisant ces passages à des entrées partielles dans un nouvel âge et un nouveau statut. Cette déritualisation doit toutefois être nuancée, le rite s'adapte à la nouvelle flexibilité temporelle. On assiste aujourd'hui à des productions rituelles s'inscrivant dans des pratiques quotidiennes.[54] Michel Bozon observe des séries de rites à portée limitée, peu formalisées plutôt que des rites de passage scandant les périodes de la vie. Ces différents rites, prenant la forme de « premières fois », ressemblent plus à des moments symboliques plutôt qu'à des passages. Ils ont « *pour effet d'étaler et de fragmenter à l'infini l'acquisition des attributs sociaux de la maturité, identifiée à une accumulation d'expériences ponctuelles* ».[55] Ainsi, l'entrée dans la vie adulte ne se fait plus par un basculement irréversible d'un statut de jeune à celui d'adulte, mais par un cheminement constitué d'expériences, de tests, de premières fois, de « mini rituels » menant à l'accès à l'un des attributs de l'âge adulte. Avec la précarité et la flexibilité du marché du travail, les supports sociaux qui « *donnaient toute la force à la figure de l'adulte, pivot du parcours de vie, ne sont plus assurés, et c'est l'ensemble de la dynamique de l'avancée en âge qui en est ébranlée* ».[56]

---

[53] BESSIN Marc « Le recours au rite, l'expérience du service militaire », in *Les transformations des rites de la jeunesse : Rites et seuils, passages et continuités* (sous la direction), Agora Jeunesse, n°28, 2002, pp. 34-45.
[54] BESSIN Marc, opus cit, 1999.
[55] BOZON Michel, opus cit, 2002, pp. 22-33.
[56] BESSIN Marc, opus cit, 2002.

II/ Les jeunes, cibles de l'intervention publique

A/ Les politiques d'insertion en faveur des jeunes

« *Chaque modèle sociétal associe étroitement des formes d'emploi, des contenus de protection sociale et un mode particulier d'organisation sociale du parcours des âges* »[57]. La « crise de l'Etat providence » et l'arrivée d'un chômage massif touchant particulièrement les jeunes engendrent l'émergence d'une catégorie jeune comme objet de régulation politique. Ainsi, depuis les années quatre-vingt, l'insertion des jeunes devient une préoccupation politique. Les pouvoirs publics mettent en œuvre différentes politiques d'emploi et de logement en leur faveur. En 1981, le rapport Schwartz impulse la création des Missions locales pour les jeunes âgés de 16 à 25 ans, « *avec ou sans qualifications, issus d'un quartier difficile ou d'une commune rurale, en rupture familiale, démunis ou sans difficultés majeures* ». L'objectif prioritaire de ces institutions se centre sur l'emploi (développement du tutorat, de l'alternance, de stages qualifiants,...), tout en s'inscrivant dans une politique plus générale d'insertion. Préconisant un diagnostic des besoins pour des réponses multiples (santé, logement, accès à la culture, aux loisirs, au sport), elles s'appuient sur un accompagnement individualisé.

Les politiques de l'emploi ne cessent de multiplier différentes actions ciblées pour les jeunes en difficulté d'insertion : travaux d'utilité collective (1984), emplois jeunes (1998), contrat

---

[57] GUILLEMARD Anne-Marie, « Intégrer la perspective du cycle de vie dans l'analyse de la protection sociale », communication dans la session 2 du RTF6, le 24 février 2004, Villetaneuse, 1er Congrès de l'Association française de sociologie, cité par LIMA Léa, « La comparaison des processus de cyclisation/décyclisation de l'Etat social : une grille d'analyse de l'institutionnalisation de l'âge d'insertion », in *Devenir adulte aujourd'hui. Perspectives internationales* (sous la direction de Claire Bidart), l'Harmattan, Paris, 2006, pp. 55-69.

d'accompagnement vers l'emploi (2007), contrat unique d'insertion (2010), différentes mesures pensées au départ comme un palliatif, et qui se sont pérennisées face au problème massif et structurel du chômage. Les politiques publiques se centrent également sur l'habitat des jeunes dans une logique « d'insertion par le logement ». Ces logements, accessibles pour les 18-25 ans[58], élargissent peu à peu leurs critères d'accueil à un public considéré plus précaire, alliant un accès au logement et un accompagnement socio-éducatif. Ces politiques de l'emploi et du logement, conçues pour favoriser l'insertion économique, sociale et professionnelle du public jeune, sont complétées par diverses aides matérielles et financières qui s'inscrivent depuis la loi de cohésion sociale (n°2005-32 du 18 janvier 2005), pour les plus éloignés du marché du travail, dans le cadre du contrat CIVIS, programme d'accompagnement vers la vie professionnelle. D'autres aides sont également destinées aux jeunes de moins de 25 ans, soit pour répondre à des situations d'urgence (aides alimentaires et à la mobilité), soit pour favoriser la mise en place de projets d'insertion sociale et professionnelle (aides à l'alimentation, à la mobilité, à la formation, à la vie sociale, aux frais de santé) tels que le F.A.J. (le fond d'aide aux jeunes) ou encore pour répondre à des demandes ponctuelles (aides à la mobilité, assurance, permis de conduire).

Depuis ces trente dernières années, l'intervention des pouvoirs publics ne cesse d'évoluer, afin de répondre aux problèmes de chômage et d'insertion des jeunes sur le marché du travail. En intervenant dans la socialisation des jeunes, les différentes actions menées se substituent partiellement à celles reléguées à la famille. Toutefois, ces aides publiques se présentent davantage comme un complément au soutien familial que comme des aides « défamilialisées ».[59]

---

[58] Certains foyers de jeunes travailleurs proposent désormais des logements pour les 25-30 ans.
[59] « *Prise en charge collective des charges professionnelles permettant au jeune de ne pas dépendre de ses parents pour sa subsistance pendant cette période si particulière au regard du rapport au travail et au salariat* », LIMA Léa, opus cit., 2006, pp- 55-69.

Les politiques d'aides aux jeunes se basent en effet sur une approche biologique des âges de la vie, l'accès à ces aides étant délimité par des bornes d'âge. Qu'il s'agisse du logement ou de l'emploi, les interventions restent ponctuelles, les aides prenant par ailleurs un rôle occupationnel.[60] Ainsi, la prise en charge des études et du temps de l'insertion incombe en France largement à la famille.[61] Entre 1992 et 1997, l'âge au départ a très peu évolué, 22 ans pour les hommes et 21,5 ans pour les femmes. Cependant, les jeunes restent dépendants financièrement de leurs parents, en partie ou en totalité.[62] 14% de ceux qui vivent hors du domicile parental disent recevoir des aides de leurs parents ou des parents de leurs conjoints, surtout les étudiants (60% d'entre eux).[63] Les transferts d'argent sont plus visibles dans les milieux de classes moyennes et surtout dans les classes supérieures où les parents peuvent assumer les charges financières liées à l'autonomie résidentielle de leurs enfants. Dans les milieux défavorisés, l'entraide familiale passe par la cohabitation.[64]

Les bourses universitaires, octroyées sur critères sociaux, ne couvrent que difficilement les dépenses des étudiants et viennent également compléter d'autres revenus (un emploi, ou des aides familiales). Le choix d'ouvrir le R.M.I. en 1988 à partir de 25 ans montre également le choix politique de laisser la responsabilité de cette période de la vie à la famille.[65] Enfin, ces aides n'échappent pas aux logiques de contractualisation[66] dont s'imprègnent les

---

[60] BLOSS Thierry et FERONI Isabelle, opus cit., 2006.
[61] VAN DE VELDE Cécile, *Devenir adulte. Sociologie comparée de la jeunesse en Europe*, Paris, PUF, collection « Lien social », 2008.
[62] VILLEUVE GOKALP Catherine, « Les jeunes partent toujours au même âge de chez leurs parents », *Economie et Statistique*, n° 337-338, 2000.
[63] JAUNEAU Yves opus cit. 2007.
[64] HERPIN Nicolas, DECHAUX Jean Hugues, « Entraide familiale, indépendance économique et sociabilité », *Economie et Statistique*, n°373, 2004.
[65] Lors des débats parlementaires en 1988 sur le RMI, il avait été décidé que la catégorie des 18-25 ans relevait en effet d'autres dispositifs, de type stage, formation, et surtout d'une prise en charge réelle de la famille.
[66] Un revenu contractualisé est expérimenté actuellement. Il concerne des jeunes âgés de 18 à 25 ans suivis par les missions locales. Ce revenu est

politiques sociales ces dernières années, marquant « *le passage d'un modèle solidariste du risque à un modèle responsabiliste du risque*[67]. Conditionnées par une démarche d'insertion scolaire ou professionnelle du jeune, ces politiques d'insertion appellent à sa responsabilisation dans sa socialisation. Et si vingt ans après la mise en œuvre du R.M.I., le revenu de solidarité active[68] vient englober partiellement cette classe d'âge des moins de 25 ans[69], la mesure reste conditionnée au statut salarial.

B/ Les politiques à l'égard des jeunes majeurs

L'abaissement de la majorité civile en 1974[70] a engendré un bouleversement dans les modes de prise en charge des enfants protégés par les dispositifs de la Protection de l'enfance. Provoquant un vide juridique[71] pour les jeunes âgés de 18 à 21 ans, cette décision politique a été suivie par deux décrets, celui du 18 février 1975[72] et celui du 2 décembre 1975[73]. En statuant sur la

---

d'environ 250 euros par mois pour une durée de deux années maximum. Le jeune peut en bénéficier s'il ne perçoit aucune rémunération (stage, emploi, formation). En contrepartie, il doit accepter les offres d'emploi ou de formation qui lui sont proposées.

[67] SOULET Marc Henri, « Une solidarité de responsabilisation », in *Le travail social en débat*, sous la direction de ION Jacques, Paris, La Découverte, 2005, pp. 86-103

[68] Loi 2008-1249 généralisant le revenu de solidarité active et réformant les politiques d'insertion

[69] Mesure applicable à partir du mois de septembre 2010. Elle pourra être saisie par des jeunes qui ont travaillé au moins deux ans (ou 3600 heures) au cours des trois dernières années.

[70] L'abaissement de la majorité civile, qui était fixée à 21 ans depuis 1792 fut une des premières réformes de Giscard d'Estaing à son élection présidentielle.

[71] La circulaire n° 40 du 7 août 1974 notifia toutefois la possibilité de poursuivre les prises en charge pour les jeunes âgés de 18 à 21 ans jusqu'à ce que le législateur et le gouvernement aient modifié les systèmes de protection sociale.

[72] « *Jusqu'à l'âge de 21 ans, toute personne majeure ou tout mineur émancipé éprouvant de graves difficultés d'insertion sociale a la faculté*

continuité d'une protection pour ces jeunes devenus désormais majeurs, ces décrets créent une nouvelle catégorie juridique et administrative : Les jeunes majeurs. S'inscrivent dans cette catégorie les jeunes âgés de 18 à 21 ans présentant « *des difficultés d'insertion sociale faute de ressources ou d'un soutien familial suffisant* ». La protection des jeunes majeurs se différencie de celle des mineurs par le caractère contractuel de la mesure, celle-ci inaugurant d'ailleurs la notion de contrat dans le champ de la protection de l'enfance.[74]

L'assistance aux jeunes majeurs n'échappe pas aux différentes transformations des systèmes de protection sociale. D'une part, les nouvelles orientations politiques dans le champ de la protection de l'enfance favorisent un fractionnement des aides[75]. Depuis la loi de finances (LOLF, 2006) et plus précisément depuis les deux lois qui ont réformé la Protection de l'enfance[76], les mesures de protection civile à l'égard des jeunes majeurs s'effectuent désormais essentiellement auprès des conseils généraux, engendrant un transfert de charge sur les départements. D'autre part, les logiques d'insertion viennent s'ancrer dans ce droit à une protection, légitimant une nouvelle configuration des droits et des obligations et activant la logique de contractualisation de la mesure. Consécutives à « l'activation des dépenses passives »[77] à l'œuvre dans le secteur social, ces nouvelles politiques d'insertion mettent en exergue de nouveaux droits d'assistance dont le maître mot est devenu l'insertion :

---

de demander au juge des enfants la prolongation ou l'organisation d'une action de protection judiciaire », art. 1 du décret du 1er février 1975.
[73] Art. 222.5 du Code de l'Action sociale et de la Famille.
[74] Cette pratique contractuelle qui se multiplie sous l'impulsion du le rapport Bianco-Lamy en 1980, notamment dans les placements administratifs, souligne la dimension provisoire des placements et la place qui doit être donnée à la famille.
[75] « Entrer dans l'âge adulte, la préparation et l'accompagnement des jeunes en fin de mesure de protection », rapport ONED, 2009.
[76] Loi n° 2007-293 du 5 mars 2007 réformant la protection de l'enfance et la loi n° 2007-297 du 5 mars relative à la prévention de la délinquance.
[77] ROSANVALLON Pierre, *La nouvelle question sociale, repenser l'Etat providence*, Paris, Seuil 1995, p.127.

« Assistance, insertion, l'espace des nouvelles solidarités est dans la différence entre les deux termes »[78]. L'analyse de plus de 200 lettres écrites par des jeunes majeurs entre 1975 et 2008, adressées à des juges pour enfants ou à des inspecteurs de l'A.S.E., reflète ces évolutions et notamment l'importance progressive donnée au projet et à la contractualisation[79]. Le terme de « contrat » apparaît ainsi pour la première fois dans l'échantillon des lettres recueillies en 1993 et devient systématique dans les années 2000, période durant laquelle nous observons également des formulations tout à fait nouvelles rappelant des expressions que l'on retrouve dans les contrats et des lettres de motivation : *« Je m'engage à être assidue et à respecter les clauses du contrat à la lettre (...) Dans l'attente de votre réponse favorable»* (Femme, 2002). La contractualisation a pour ambition de faire participer le jeune à son projet d'insertion afin de l'amener à devenir responsable de ses actes et de son processus d'insertion. Le projet devient un point d'appui pour que le jeune mène à bien son projet, ce que Nicolas Duvoux appelle « la norme institutionnelle d'autonomie ».[80] La loi du 2 janvier 2002 met d'ailleurs l'accent sur la démarche d'individualisation de l'action et du projet, sur l'importance de la participation, et de l'adhésion de l'usager.[81] L'Etat providence s'est modernisé. Nous serions passés d'un principe de solidarité de la société envers ses membres à un principe de responsabilité des membres envers la société.[82] Ce qui est fondamentalement en jeu c'est le couplage responsabilité-solidarité, car en se centrant sur la propre

---

[78] BORLA Emmanuelle (sous la direction de CHEVALLIER Jacques), « Le revenu minimum d'insertion, entre « assistance » et « nouvelles solidarités » », pp.136-146, in *La solidarité, un sentiment républicain ?* Paris, PUF, 1992.
[79] GUIMARD Nathalie et PETIT-GATS Juliette, 2010, opus cit..
[80] DUVOUX Nicolas, *l'autonomie des assistés*, Paris, PUF, collection « Lien social », 2009, 288p.
[81] *« Une prise en charge et un accompagnement individualisé de qualité favorisant son développement, son autonomie, et son insertion, adaptés à son âge, et à ses besoins, respectant son consentement éclairé qui doit être systématiquement être recherché lorsque la personne est apte à exprimer sa volonté et à participer à la décision. »* (Art. L.311-3)
[82] SOULET Marc-Henri, « Une solidarité de responsabilisation », in *Le travail social en débat(s),* opus cit. pp. 86-98.

responsabilité individuelle des jeunes, on se détache de la responsabilité que l'on a envers eux.[83] L'expression « d'Etat social actif »[84], par opposition à l'Etat providence, tend à s'imposer à partir du champ politique pour légitimer les nouveaux modes d'intervention de l'Etat à l'égard des « décrochés » de la société de marché. Le C.J.M. repose ainsi sur un droit individualisé, à l'encontre d'un modèle catégoriel, unilatéral et hiérarchisant « *il repose sur une espèce de droit processus par lequel on prend les individus ou des populations à un instant T pour les conduire à un instant T1, puis T2 etc., où ils sont censés mieux s'intégrer à la vie sociale ».*[85] Il répond à une logique de droit négocié soumis à appréciation à l'inverse de droits soumis à des critères factuels.[86]

Ces différentes évolutions interrogent les modes d'entrée et de sortie du dispositif. La fin de cette mesure à 21 ans et le manque de réponses institutionnelles pour les jeunes questionnent les pouvoirs publics, les chercheurs et les professionnels. Ces bornes d'âge obligent en effet à considérer les jeunes majeurs comme un groupe homogène et ne permettent pas de considérer l'hétérogénéité des

---

[83] BEC Colette (sous la direction de PROCACCI Giovanna), *De la responsabilité solidaire*, Syllepse, 2003, 288p.

[84] FRANSSEN Abraham, « L'Etat social actif et la nouvelle fabrique du sujet » in *La société biographique : une injonction à vivre dignement*, L'Harmattan, « Logiques Sociales, 2006, 212p..

[85] LAFORE Robert, *L'évaluation des politiques sociales*, (sous la direction de B. Delage,) L'Harmattan, Paris, 2006, 334p, p.88.

[86] Il n'existe pas à notre connaissance de dépliants distribués dans les établissements scolaires ou dans d'autres lieux de droit commun (mairie par ex.), informant les jeunes de ce droit, comme cela existe par exemple pour le revenu d'activation sociale ou anciennement l'allocation parent isolé. Ainsi, les jeunes doivent être en relation avec des travailleurs sociaux ou d'autres personnes (éventuellement des pairs qui bénéficient de cette protection) pouvant fournir suffisamment d'informations et le guidant dans cette démarche. Les jeunes ne peuvent faire une demande de C.J.M. seuls, sans le soutien administratif d'un travailleur social, comme cela peut être le cas pour l'APL, où chacun peut formuler une demande auprès de la CAF sans l'intermédiaire d'un professionnel. Des jeunes non connus des services, à un moment donné de leur adolescence, peuvent être dans une situation qui les amène à être en relation avec par exemple une assistante sociale de leur établissement scolaire les informant alors de leurs droits.

parcours et des situations à la fin des prises en charge. Différents travaux soulignent les risques qu'encourent les jeunes, notamment ceux qui sont sans soutien familial (Martin Goyette, Isabelle Frechon, Annick Dumaret).

III/ La transition jeune majeur : une démarche ritualisée

Le contrat jeune majeur, en marquant le passage d'un statut de mineur protégé par des institutions à un statut d'adulte relevant du droit commun et responsable civilement, s'apparente à une transition, période moratoire telle que l'a décrite Olivier Galland *« durant laquelle s'ajustent par approximations successives, ambitions sociales et positions professionnelles ».*[87] Enclavée dans des repères d'âges biologiques marquant l'entrée et la sortie de cette temporalité, fortement institutionnalisée et ritualisée, cette transition peut être également qualifiée *«d'âge social d'insertion*[88]. Cette période de transition est caractérisée pour les jeunes majeurs par une succession de rites administratifs et institutionnels. Le rite est défini comme *« un ensemble d'actes formalisés, expressifs, porteurs d'une dimension symbolique. Le rite est caractérisé par une configuration spatiotemporelle spécifique, par le recours à une série d'objets, par des systèmes de comportements et de langages spécifiques, par des signes emblématiques dont le sens codé constitue l'un des biens communs au groupe »* [89]. Ces différentes étapes peuvent être qualifiées de rites, en tant qu'actes d'engagement par petites étapes, et balisant l'évolution du jeune de façon synchronisée. L'organisation institutionnelle de cette période de vie s'inscrit dans une temporalité, identique pour tous, sans prise en compte des parcours individuels. Car à 21 ans, quelle que soit la condition du jeune, le C.J.M. s'arrête, engendrant une forme de compression temporelle sur cette période. Cette partie est ainsi consacrée aux différentes pratiques rituelles qui organisent cette transition du jeune majeur.

---

[87] GALLAND Olivier, « Une entrée de plus en plus tardive dans la vie adulte », *Economie et statistiques*, n°283-284, 1995, pp. 33-52, p. 515.
[88] LIMA Léa, opus cit., 2006.
[89] SEGALEN Martine, *Rites et rituels contemporains*, (seconde édition), Armand Colin, 2009.

A/ Rites administratifs

La lettre

Le parcours du jeune majeur débute par l'écriture d'une lettre adressée à l'inspecteur de l'Aide sociale à l'enfance,[90] premier rite d'accès au statut de jeune majeur. Cette lettre, peu utilisée jusque dans les années quatre-vingt[91], est devenue obligatoire. Il s'agit néanmoins d'une pratique, puisque aucun texte juridique ne soumet la demande du jeune à une lettre écrite. Dans celle-ci, le jeune doit justifier sa demande à bénéficier d'un C.J.M. et présenter un projet scolaire et/ou professionnel. L'analyse des lettres,[92] complétée par les différents entretiens menés auprès des jeunes et des professionnels, montre des pratiques rédactionnelles différentes. Manuscrites, certaines sont élaborées par les jeunes individuellement, d'autres font apparaître l'intervention du professionnel, certaines parties voire la totalité de la lettre reprenant textuellement les propos des éducateurs. La majorité des professionnels expriment leur volonté de ne pas intervenir dans l'écriture de la lettre :

> *Je préfère qu'elles écrivent leur lettre seules. Qu'il y ait des fautes, qu'il y ait des tournures de phrase maladroites etc. parce que ben, il y a une authenticité qu'il n'y a pas si jamais la lettre elle est écrite avec un éducateur et c'est les mots de l'éducateur. Et je pense que... enfin, de mon expérience que j'ai eue en tant que stagiaire à l'A.S.E., l'inspectrice que je connaissais... enfin celle avec laquelle je travaillais, préférait ça aussi. Et c'est vrai que j'ai gardé ce réflexe-là de donner un plan aux filles : c'est-à-dire où est-ce que j'en suis, ce que j'ai envie de faire et ce que je suis prêt à mettre en place pour. Mais qu'elles le rédigent avec leurs mots*

---

[90] Nous nous intéressons aux C.J.M. signés avec les inspecteurs de l'A.S.E..

[91] Nous avons retrouvé dans les dossiers des lettres de directeurs d'établissement demandant directement la prise en charge pour le jeune. Par ailleurs, des directeurs nous ont expliqué qu'il n'était pas nécessaire d'écrire des lettres, il suffisait qu'ils téléphonent aux décisionnaires pour convenir de la poursuite de la prise en charge.

[92] GUIMARD Nathalie et PETIT-GATS Juliette, opus cit., 2010.

et sans tellement corriger les fautes derrière, parce qu'il y a un côté authentique même si c'est bourré de fautes. Éducatrice 6, Belharra

Lorsque la difficulté rédactionnelle de certains jeunes les oblige à s'immiscer dans la réalisation de la lettre, ils dissimulent leur influence, en laissant par exemple intentionnellement les fautes orthographiques. Ce recours systématique à l'écrit s'explique en partie par l'importance croissante donnée à l'écrit dans le travail social qui rend compte de *« la restructuration »* ou du *«recadrage »* de l'éducation spécialisée[93]. Toutefois, son caractère contraignant et la dissimulation de la part des professionnels de leur aide à l'écriture soulignent également les effets des politiques d'insertion. Forme de « pièce à conviction », elle devient la preuve probante de l'implication du jeune dans sa demande d'assistance.

L'analyse thématique de ces lettres montre également une évolution des principes de légitimité énoncés par les jeunes. Jusque dans les années quatre-vingt, les lettres sont courtes, les jeunes font appel à la dimension juridique, faisant valoir leur droit à être protégés au regard de la loi. Peu à peu s'intègrent dans les écrits d'autres dimensions. Adoptant les normes du travail social, la dimension émotionnelle est mise en avant. Les jeunes justifient ainsi leur demande en faisant valoir des souffrances psychiques : *« J'ai pensé plusieurs fois à me suicider, pour tout vous dire »* (Femme 2004), et en insistant sur des caractéristiques familiales défectueuses : *« J'ai jugé préférable de demander cette aide que de retourner auprès de ma famille : un cadre familial instable, perturbé et perturbant »* (Femme, 1998). Faisant appel à la sollicitude et à la bienveillance des professionnels, l'intervention éducative est valorisée : *« La solitude qui m'attend me fait peur car je n'y suis pas habituée et m'y sens mal préparée. J'ai encore besoin d'un adulte qui me conseille, m'écoute, me guide dans mes démarches ou quand je suis déprimée »* (Femme, 1995). Ce sont également les compétences acquises grâce à l'accompagnement éducatif qui sont mises en avant : prendre sa place dans un groupe, avoir confiance en soi, faire preuve d'autonomie: *« Le foyer m'a*

---

[93] RIFFAULT Jacques, *Penser l'écrit professionnel en travail social, contexte, pratiques, significations*, (seconde édition), Paris, Dunod, 2006.

apporté beaucoup de choses depuis le début, les choses se passent de mieux en mieux, tout d'abord avec les éducateurs : je communique mieux, quand j'ai un problème je leur en parle et ils font de leur mieux pour m'aider » (Femme, 2001). Les dimensions d'engagement et de contrepartie, provenant d'une logique contractuelle, deviennent également constantes à partir des années quatre-vingt-dix : « *Je m'engage à poursuivre mes études et à les prendre en charge du mieux que je peux, ainsi que de poursuivre ma démarche de soins. En contrepartie, je vous demande de bien vouloir me soutenir au niveau éducatif et financier* » (Homme, 2005). Lorsque les jeunes ne sont pas inscrits dans un parcours scolaire ou professionnel, ils l'expliquent par des défaillances personnelles momentanées (« traverser une mauvaise passe », « avoir eu un accident » …). Le soutien thérapeutique peut prendre le pas sur le soutien éducatif, et le suivi psychologique peut même se substituer à l'activité professionnelle et justifier à lui seul la prise en charge. Il est alors présenté comme un moyen de changement et de prise de conscience d'un comportement jugé négativement. Il est ainsi surprenant que, hormis dans trois lettres, le contexte sociétal, la conjoncture économique et sociale ne sont jamais mis en avant par les jeunes pour justifier leur demande, ce qu'ils font quasiment toujours au regard de leurs insuffisances individuelles ou familiales. Ces changements marquent une évolution concernant la gestion du risque. Alors que celui-ci était appréhendé collectivement, perçu comme un destin de classe, il est aujourd'hui surmonté de manière plus individuelle, considéré comme une défaillance personnelle[94].

L'évaluation de la demande

La lettre donne lieu à une évaluation effectuée par un travailleur social de l'A.S.E. formalisée dans un entretien en face à face. Lorsque le jeune n'est pas connu des services de l'A.S.E., le travailleur social est mandaté pour « évaluer les difficultés familiales, scolaires et éducatives qui compromettent gravement

---

[94] BECK Ulrich, *La société du risque, sur la voie d'une autre modernité*, Flammarion, 2003, 522p.

son équilibre »[95] ainsi que son projet d'insertion. Lorsque le jeune est placé en structure, l'évaluation porte davantage sur son comportement dans le foyer, sur les liens avec les professionnels et son projet d'insertion plutôt que sur les difficultés familiales ayant été l'objet d'évaluations antérieures. Les éducateurs du foyer doivent eux aussi établir un rapport social.

Les critères d'attribution du contrat jeune majeur, laissant un flou autour de la notion d'insertion[96], donnent aux professionnels une marge de subjectivité pour juger des situations et traiter les demandes, les plaçant dans un rôle de « magistrat du social[97], Cette posture d'intervention, que l'on retrouve dans les différents dispositifs d'insertion, entraînent une logique de traitement individualisé reposant moins sur des critères factuels que sur des critères moraux. Appréciant les situations selon une dimension subjective, les professionnels ont alors l'impression de traiter les situations « à la tête du client » :

> En gros, je dirais quand même qu'il y a une prise en charge qui se fait beaucoup à la tête du client. (...) en ce qui concerne les majeurs, je pense que c'est dès le départ, le moment de l'évaluation qui conduit à la signature d'un contrat ou pas où on est dans ce type de logique où ben, ça se fait un petit peu en fonction de comment ça se présente entre une personne qui vient demander, et une personne qui reçoit, professionnelle et puis qui va dire quelque chose de cette rencontre-là. <u>Educateur A.S.E. 75.</u>

Cet entretien se présente comme un second rite d'accès au statut de jeune majeur. Alors que l'étape de la lettre conserve un caractère intime, l'entretien contraint le jeune à une visibilité

---

[95] Art. 222 du Code de l'Action sociale et de la Famille (ces éléments ont été confirmés par la loi du 5 mars 2007 réformant le système de la protection de l'enfance).
[96] Rapport de l'ONED (2009), « Entrer dans l'âge adulte. La préparation et l'accompagnement des jeunes en fin de mesures de protection ».
[97] ROSANVALLON Pierre, *La nouvelle question sociale, repenser l'Etat providence*, Le Seuil, Paris, 1995.

publique de sa sphère privée,[98] l'invitant à une mise en récit de son parcours, de ses difficultés et de ses projets.

La signature du contrat jeune majeur

Soumises à l'interprétation de l'inspecteur, ces évaluations donnent lieu à un dernier entretien dès lors que les professionnels soutiennent la demande du jeune, dernière pratique rituelle marquant le passage au statut de jeune majeur. La signature du contrat s'effectue dans le bureau de l'inspecteur. Elle réunit les différents protagonistes : le jeune, le professionnel de l'A.S.E. qui a effectué l'évaluation et l'éducateur du foyer lorsque le jeune est placé. L'objet de cette rencontre est de permettre à l'inspecteur de procéder à une dernière évaluation, dans le cadre cette fois-ci d'une interaction entre tous les acteurs. L'observation du terrain nous a permis de constater les différentes formes de préliminaires à l'entretien. En général, tous les acteurs sont reçus en même temps mais il arrive que les professionnels soient reçus, dans un premier temps, sans le jeune. Le déroulement des entretiens reste assez semblable dans les différents services de l'A.S.E. observés. La première scène d'interaction débute avec des rituels de présentation, plaçant les acteurs en position propice pour engager ou conclure l'échange[99]. Ainsi, après les différents rituels de salutation, l'inspecteur s'assoit derrière son bureau et fait face à tous les interlocuteurs. Dans cette « mise en scène »[100], l'inspecteur est l'acteur qui mène l'entretien, il s'adresse aux professionnels ou directement au jeune. L'entretien dure environ une heure et se présente en trois temps. Dans un premier temps, l'inspecteur se réfère à la lettre écrite par le jeune et aux rapports effectués par les travailleurs sociaux. S'inscrivant dans une norme de contrôle,

---

[98] GIULIANI Frédérique, « La procédure de l'entretien individualisé dans le travail d'accompagnement : quand usagers et intervenants sociaux ont à organiser l'expérience de situations sans qualité », in *La société biographique : une injonction à vivre dignement,* (sous la direction d'ASTIER Isabelle et DUVOUX Nicolas), L'Harmattan, Paris, 2007.
[99] GOFFMAN Erving, *La mise en scène de la vie quotidienne*, tome I, *La présentation de soi*, Les Editions de Minuit, Paris, 1973.
[100] Ibid.

lorsqu'il s'agit d'un renouvellement de contrat, les Inspecteurs s'appuient également sur le précédent rapport où ont été notifiés les différents projets du jeune. Ces différents écrits permettent aux professionnels de se référer à la situation passée et aux différents engagements du jeune qui doit justifier de la réalisation ou non de ces projets : « Il y a six mois, tu voulais passer le concours de… Qu'en est-il maintenant ? L'as-tu fait ? Sinon, pourquoi ? Que penses-tu faire maintenant ? » Ce premier temps établit un bilan du parcours et prend la forme d'un travail de recadrage.

Le deuxième temps s'ouvre sur une interaction entre tous les acteurs, chacun apportant des éléments sur la situation et l'évolution du jeune. Débutant généralement sur la situation scolaire et/ou d'insertion professionnelle, différents thèmes sont abordés : l'attente du jeune vis-à-vis du contrat, son projet scolaire et professionnel, son comportement au sein de la structure d'accueil, sa santé physique et parfois psychologique, les relations familiales, le sentiment du jeune vis-à-vis de sa structure d'accueil. En parallèle, les manières dont l'équipe éducative perçoit le jeune, la situation administrative (accès aux droits, titres de séjour), la gestion du budget et l'épargne effectuée sont également discutés. Ce temps permet aux professionnels d'identifier les situations problématiques à partir de la mise en récit du jeune et se déroule sous la forme d'une négociation, le jeune intervenant sur la mise en perspective de son projet (continuité des études, mise au travail, entretien avec un psychologue…).

Enfin, dans un troisième temps, lorsque les négociations aboutissent à la signature d'un contrat dont la durée varie d'un mois à un an, les différents projets du jeune sont consignés dans un document préétabli. Après la lecture du jeune de ce contrat, celui-ci est signé par tous les protagonistes.

Dans ces entretiens, le contrat devient le support du projet autour duquel gravitent diverses dimensions donnant sens à ce projet (santé, relations familiales, épargne, scolarité…). Alors que durant la minorité, l'intervention sociale et éducative est légitimée par la situation de risque qu'encourt le jeune dans son environnement social et familial, le passage à la majorité fait basculer le jeune dans un autre rapport aux autres et à lui-même. L'intervention éducative se centre désormais sur une forme d'investissement du capital humain afin de sécuriser le parcours du jeune durant la prise en charge et de le préparer aux différents risques susceptibles de compromettre son insertion sociale à l'issue du C.J.M.. La dimension de l'épargne comme outil de prévoyance envahit les pratiques du travail social, et ainsi témoigne de cette sécurisation des trajectoires et de ce changement de perspective de la gestion du risque.[101]

La signature du premier contrat jeune majeur marque ainsi de façon solennelle l'accès à un autre statut. Adoptant un caractère ritualisé, celui-ci est marqué lors de cet entretien formel par l'annonce de la fin de certains privilèges de la minorité (fin de l'obligation d'assistance), de l'accès à de nouveaux droits (droit de vote, Assurance sociale,…) et devoirs (déclaration aux impôts) marquant ce nouveau seuil : « *Tout âge de la vie se caractérise, d'un point de vue social, politique, économique et juridique, par les pouvoirs qu'il apporte ou qu'il enlève, ce qui le distingue des autres âges.* »[102]. Les professionnels s'accordent sur ce point, ce n'est pas la réussite à un examen ou l'accès à l'emploi qui a des conséquences sur la signature d'un contrat mais la preuve que le jeune se saisisse de tous les moyens pour y parvenir. Obligations de moyens et non de résultat, marquant à nouveau la responsabilisation du jeune à l'égard de son projet d'insertion. Les relevés de compte présentant l'épargne effectuée par le jeune et les bulletins scolaires révélant son assiduité en cours, contrôlés lors de ces entretiens, deviennent des éléments attestant de sa participation à son intégration sociale. Véritable outil d'évaluation, le projet permet de mesurer ainsi le degré d'autonomie du jeune, définissant sa capacité de participation sociale. Devenu l'outil de médiation et d'évaluation par excellence pour évaluer les capacités de changement du jeune, validé par le jeune lui-même, il est repris par les professionnels pour lui rappeler ses engagements.

Ainsi, les entretiens attestent ce que nous avons relevé dans les lettres, la logique passive de l'indemnisation du risque, qui réduit l'assistance à son seul caractère repoussoir (l'assistanat) est

---

[101] GUILLEMARD Anne-Marie, 2008, opus cit.
[102] SEGUY I. et BUCHET L., *Age biologique, âge démographique, âge sociologique, Enfants d'aujourd'hui, diversité des contextes, pluralité des parcours*, Paris, PUF, 2006.

remplacée désormais par la logique d'activation de l'usager et de sa contrepartie aux aides. Preuve en est également du nouveau vocabulaire des travailleurs sociaux[103] réfutant les termes qui induisent une passivité du sujet et l'arrivée de nouvelles terminologies lexicales dans le champ de la protection de l'enfance : La « prise en charge » devient un terme de moins en moins utilisé par les travailleurs sociaux, faisant référence à une certaine soumission des usagers. Celui d'»assistance » est également perçu dans une connotation négative et se transforme en « soutien à l'autonomie » et « accompagnement ». Nous pouvons légitimement interroger la portée de ces changements dans le champ de la protection de l'enfance. En effet, si les logiques de catégorisation et d'identification des problèmes, telles qu'elles étaient pratiquées par les travailleurs sociaux dans la période industrielle, ne sont plus adaptées au système d'aujourd'hui, les nouvelles logiques s'avèrent différentes de celle du « workfare »[104]. Le cadre réglementaire entre aides et activité[105] tel qu'il est envisagé dans les pays scandinaves permet un retour progressif vers l'emploi lorsque les dispositifs et les accompagnements s'avèrent de bonne qualité.[106] Toutefois, en France, la rigidité du système de la protection sociale, érigé sur « *le rythme à trois temps de la société industrielle* » ne prend pas en compte l'enchevêtrement des temps sociaux[107] et fragilise certains publics. Ainsi, ces politiques d'activation peuvent avoir des conséquences désastreuses sur les individus considérés les plus fragiles et notamment le public jeune. Le caractère paradoxal de ces logiques entraîne des effets discriminants[108], notamment, le caractère contraignant de l'aide peut entraîner une rupture de contrat en cas de non-respect des engagements du « co-

---

[103] FRANSSEN Abraham, « L'Etat social actif et la nouvelle fabrique du sujet » in *La société biographique : une injonction à vivre dignement,* (sous la direction d'ASTIER Isabelle et Nicolas DUVOUX), opus cit., pp. 75 à 104.
[104] BARBIER Jean Claude, *La longue marche vers l'Europe sociale*, Paris, PUF, collection « Lien social », 2008.
[105] Ibid.
[106] Ibid.
[107] GUILLEMARD Anne-Marie, opus cit., 2008.
[108] FRANSSEN Abraham, opus cit., 2006.

contractant », rupture déchargeant sur le jeune la responsabilité de son échec. Dès lors que l'autonomie est définie comme une norme sociale[109], ceux qui n'accèdent pas à la capacité de négociation ou n'ont pas de projet adapté risquent de se voir également exclus.

La fin du contrat

Cette procédure se répète au rythme des renouvellements des contrats. Et si celle-ci est ponctuée par différentes étapes, sa fin n'est pas nécessairement marquée par des pratiques ritualisées. Certaines fins de contrat sont formalisées dans le bureau de l'inspecteur en présence des professionnels et du jeune lors de la signature du dernier contrat, soit parce que le jeune atteint l'âge de 21 ans à échéance de ce contrat, soit parce que les professionnels ne souhaitent pas le renouveler. Il arrive également que la négociation en vue de la signature du contrat aboutisse à un refus de l'inspecteur. D'autres fins de contrat s'effectuent sans aucune formalité. Il s'agit ici notamment des ruptures du contrat émanant soit de la décision du jeune qui n'adresse pas de lettre à l'inspecteur, soit de la décision des éducateurs du foyer ou de l'A.S.E. qui décident de mettre fin au contrat en avertissant oralement l'inspecteur.

B/ Rites éducatifs

Il s'agit dans cette partie de présenter de façon descriptive les supports utilisés par chaque structure pour sélectionner les jeunes, organiser leur parcours dans l'institution, et préparer leur sortie.

L'admission dans l'établissement

Alors que la procédure du contrat jeune majeur débute avec la demande écrite du jeune, celle des trois établissements commence avec un écrit professionnel élaboré par le référent A.S.E. du jeune et éventuellement par les éducateurs du foyer lorsque celui-ci est

---

[109] Ibid.

déjà placé en établissement. Chaque structure d'accueil a un projet d'établissement devenu obligatoire depuis la loi du 2 janvier 2002[110], stipulant les critères d'accueil. Les trois établissements organisent leur propre procédure d'admission qui se décompose en deux ou trois temps.

<u>L'écrit professionnel</u>

Ce rapport d'admission présente l'histoire familiale et institutionnelle du jeune, sa situation présente, son parcours scolaire, ses projets de vie notamment scolaires et professionnels. A Jaws et Kirra, c'est un professionnel cadre de l'établissement qui procède à un premier tri par la sélection des rapports éducatifs, et par un échange téléphonique avec les auteurs du rapport. Ce temps d'échanges repose sur des relations de confiance entre le professionnel accueillant et le professionnel auteur du rapport, ce dernier supposé avoir une connaissance et un savoir sur le jeune. Celui-ci est alors apprécié selon son engagement auprès du professionnel. Ce temps a ainsi pour fonction d'évaluer sa capacité à intégrer l'établissement et son aptitude à se mobiliser dans son projet d'insertion :

> *Je téléphone à tous les éducateurs qui envoient un dossier. Je téléphone pas mal et je lis beaucoup. Je leur téléphone et je les questionne. Je leur présente notre service et je les questionne. Et là, on a déjà une première évaluation du oui ou non. Des fois, je dis « Dans ce que vous décrivez, je ne sens pas que ça soit pour nous, c'est trop fragile, trop de pathologies, trop peu de... » Il y a plein de choses... pas de maturité, aucun projet professionnel, pas d'anticipation... a minima, il faut une projection dans l'avenir. On sent qu'il n'y pas de maturité quand un éduc nous dit « Il n'y a rien qui tient ». Donc je téléphone, déjà je me mets un avis dans ma tête, oui ou non. Et puis après, c'est la relation que je vais établir avec un éducateur. S'il y en a un qui me dit « Si, il faut tenter, il faut essayer », pourquoi je ne lui ferais pas confiance ? Quelqu'un qui défend le jeune, déjà, ça donne envie, et puis c'est bien lui qui sait, ce n'est pas moi qui sais. Ce n'est pas parce que j'ai trois pages sur un jeune que je sais quoi que ce soit. Donc là, on va dire, on se met d'accord sur un rendez-vous,* <u>Cadre foyer Jaws</u>

---

[110] Article L311-4 du code de l'Action sociale et de la famille.

Toutefois, cette confiance accordée aux partenaires doit être relativisée. La demande étant supérieure à l'offre, comme nous explique un éducateur de l'A.S.E., certains éducateurs « *essayent d'embellir les dossiers* ». Seul l'établissement Belharra procède à une sélection des rapports selon des critères factuels (âge, mode de prise en charge…) et traite les dossiers selon leur ordre d'arrivée. Les rapports sélectionnés sont ensuite soumis à une seconde évaluation effectuée cette fois par l'équipe éducative. A l'issue de cette première évaluation, un entretien est programmé.

Le face à face[111]

Le second temps se déroule dans les locaux de l'établissement en présence de tous les acteurs : le jeune, l'équipe de l'établissement et le référent de l'A.S.E.. Cet entretien permet à Jaws et Kirra de procéder à une seconde évaluation. Il s'agit pour les professionnels d'estimer à nouveau la capacité du jeune à intégrer l'établissement et son aptitude à se mobiliser dans son projet d'insertion. Mais cette fois, le pouvoir de diagnostic s'appuie sur la mise en récit de son parcours mais également sur les manifestations corporelles du jeune (mimiques, attitudes), ce dernier passant ainsi une épreuve de « présentation de soi ». Belharra conçoit cet entretien comme un temps d'accueil et ne procède pas à une évaluation lors de ce temps de rencontre. Dans certaines situations, le psychiatre de l'établissement peut également rencontrer le jeune. Jaws effectue ensuite un troisième temps de sélection, reposant sur l'évaluation effectuée par le psychologue de l'établissement lors d'un entretien individuel.

Le temps de la décision et de la réflexion

La décision d'intégrer l'établissement, sauf pour Belharra, s'effectue à l'issue de ces deux temps. Elle relève des professionnels et du jeune. Cette situation de demandeur peut être ainsi illusoire notamment pour ceux qui se trouvent dans une situation d'urgence qui ne leur laisse pas vraiment le choix d'accepter ou non l'entrée dans l'établissement. Ces procédures ritualisées s'opèrent sur une période de plusieurs semaines voire

---

[111] Nous n'avons pas observé les entretiens d'admission dans les établissements, nous nous appuyons sur les entretiens.

plusieurs mois entre l'envoi de la demande et l'arrivée du jeune dans la structure. Elles préparent le jeune à son intégration dans l'établissement, marquant le début d'un parcours initiatique préparatoire aux pratiques éducatives. La présentation de l'établissement, de son fonctionnement, de son règlement et de ses valeurs permet ainsi de conditionner les actions éducatives de l'établissement.

Le parcours du jeune dans l'établissement

Les trois structures organisent des paliers marquant l'évolution du jeune dans l'établissement, étapes qui jalonnent le parcours du jeune dans l'institution. Ces étapes sont organisées comme des rites s'inscrivant dans un temps précis et dans des espaces différents (foyers, appartements, FJT, etc.).
A Belharra, les 31 jeunes filles âgées de 15 à 21 ans sont hébergées dans quatre pavillons, dont trois situés dans la même enceinte. Trois des pavillons accueillent entre 8 et 10 jeunes, le quatrième est conçu pour accueillir trois jeunes majeures. Ce dernier lieu avant la sortie de l'établissement est pensé comme un lieu transitoire avant la sortie :

> *Cet appartement, on l'a pensé pour favoriser une transition avant la sortie car elles sont trop cocoonées dans les autres pavillons. On a mis en place toute une procédure d'admission, où on leur explique le fonctionnement, les règles, et on leur fait signer un livret d'accueil. C'est plutôt symbolique car en fait on ne le ressort que rarement mais ça permet de fixer les choses ; on leur demande de réfléchir si elles veulent vraiment venir, et que nous aussi on va réfléchir même si on sait que de toute façon, si les équipes nous l'ont adressée, c'est qu'elle sera admise. Après, il y a quelque chose qui marche dans ce lieu, c'est qu'elles sont considérées par nous et du coup par les autres jeunes filles du foyer, comme les plus grandes, les plus responsables, les plus matures, parce qu'elles sont plus libres, gèrent un budget, et c'est drôle, car sauf exception, ça marche, elles se transforment rapidement, revendiquant très vite ce statut.* <u>Educatrice 9, Belharra</u>

Alors que les autres pavillons sont organisés comme un foyer classique avec la présence permanente d'éducateurs et d'une maîtresse de maison, dans ce lieu les jeunes reçoivent un budget et organisent leur quotidien (repas, courses…). Les jeunes majeures peuvent également être orientées en foyer de jeunes travailleurs tout en continuant à être prises en charge par l'établissement.

Le foyer Kirra accueille 14 jeunes âgés de 18 à 21 ans, hébergés en appartements partagés ou en studios situés dans la ville. Les bureaux de l'équipe éducative sont situés dans le même espace que l'internat qui accueille les plus jeunes, mais dans un pavillon distinct. Le passage en studio est proposé soit pour préparer le jeune à la sortie de l'établissement soit lorsque la colocation en appartement partagé est jugée par les éducateurs et les jeunes comme trop compliquée (angoisse de partager des espaces communs) :

> *Le studio, c'est un outil de travail, non une gratification, les jeunes peuvent faire la demande et l'équipe regarde ce qui est fiable. A certains moments, c'est nous qui prenons la décision…, il permet au jeune de savoir gérer la solitude, de s'adapter à une nouvelle organisation, un nouveau mode de vie et en termes de maturité, ils grandissent, ils doivent prendre leurs décisions seuls et occuper leur temps.* <u>Educateur 5, foyer Kirra</u>

Jaws accueille 30 jeunes à partir de 17 ans. Chaque jeune est hébergé dans une « chambre de bonne ». Un lieu commun est ouvert en journée et en soirée. Les jeunes peuvent s'y rendre quand ils le souhaitent pour rencontrer les éducateurs et partager des moments communs. Avant la sortie, le jeune est orienté vers un autre éducateur référent qui a pour fonction de préparer plus particulièrement les jeunes à leur sortie de l'établissement, à savoir principalement accompagner le jeune dans la recherche d'un logement autonome :

> *Quelques mois avant la sortie, les jeunes changent d'éducateur, ils le savent, mais en règle générale, c'est un passage un peu particulier, parce qu'ils savent que c'est la sortie, et voilà, donc des fois, c'est un peu compliqué.* <u>Educatrice 3 foyer Jaws</u>

Dans ces passages d'un lieu à un autre, ou d'un éducateur à un autre, il s'agit de franchir des étapes. Celles-ci doivent les préparer à leur sortie définitive de l'établissement.

La sortie de l'établissement

Justifiée par la durée limitée de l'accueil, la sortie est discutée avec les éducateurs dès l'arrivée du jeune :

> *En général, quand un jeune arrive ici, on lui parle le plus souvent déjà, rapidement, en tout cas, qu'il y aura une fin à cette prise en charge et qui va arriver très vite, plus vite qu'il ne l'imagine. Même quand ils arrivent à 18 ans, ils ont l'impression que c'est dans très longtemps. Donc à ce moment-là, on leur dit « Attention, 21 ans, ça arrive vite, 3 années ça passe très vite ». Donc ils ont déjà en tête quand ils arrivent, qu'il faudra préparer le départ, que ce soit 21 ans ou avant d'ailleurs, parce qu'il y a aussi ceux pour lesquels ça s'arrête avant 21ans.*
> <u>Educatrice 4, Kirra</u>

Alors que la procédure d'admission est rythmée par des pratiques ritualisées, la sortie ne donne lieu à aucun événement précis, sauf pour Belharra qui organise des fêtes de départ. Par contre, toutes les équipes rencontrées expliquent qu'elles mentionnent à chacun des sortants leurs possibilités de revenir dans les lieux. Par ailleurs, Belharra a mis en place un service de suite chargé du suivi des jeunes qui ont quitté l'institution.

Le contrat jeune majeur : un rite institutionnel ?

L'A.S.E. ou les établissements organisent différentes pratiques rituelles qui rythment le passage du jeune dans le statut de jeune majeur. L'entrée dans ce statut ou dans un établissement est fortement marquée par une procédure. La lettre et les différents entretiens s'apparentent à un ensemble d'actes formalisés porteurs d'une dimension symbolique qui prennent sens pour les professionnels comme pour les jeunes. Les jeunes doivent ainsi quitter leur statut protégé par la minorité et s'approprier de nouveaux codes, de nouvelles présentations de soi, et faire preuve de nouvelles responsabilités. Les professionnels doivent eux adopter d'autres positions auprès de ces jeunes devenus majeurs.

Les différents passages dans des structures plus autonomes, ainsi que les renouvellements de contrat rythmés par des actes formalisés, agissent sur les facultés d'indépendance et l'apprentissage de nouveaux codes. Ils permettent de ponctuer le changement du jeune et ses capacités à entrer dans la vie adulte : *« La fonction du rite est [...] de baliser un trajet au cours duquel on va pouvoir écarter les dangers suscités par le changement. Car chaque position implique une place, et un rapport de places, un code de communication, des normes relationnelles... et c'est tout cela qui se modifie tout à coup et qui nécessite de tous un réajustement complexe : il faut en effet entériner le changement tout en évitant une rupture ou une mutation trop brutale qui pourrait remettre en cause la relation.*[112] Cette multiplication de pratiques rituelles dans les institutions a pour fonction de fournir un cadre à l'action éducative face à la déritualisation des rites de passage.

Nous pouvons néanmoins nous interroger sur l'absence de rites au moment de la sortie des jeunes des établissements et la fin du contrat jeune majeur. Celle-ci empêche en effet de penser le contrat jeune majeur comme un passage vers la vie adulte. Rappelons que le rite se distingue par trois stades[113] : la séparation, la marge et l'agrégation, ce dernier stade ayant pour fonction de marquer le retour de l'individu avec un nouveau statut. Nous pouvons retenir néanmoins que si le rite sépare[114] d'un avant et d'un après, il divise également. Il « consacre la différence » entre ceux qui accèdent au statut et ceux qui en sont exclus et rappelle aux premiers la place que leur assigne l'institution.

---

[112] PICARD Dominique, « Transition et ritualité dans l'interaction sociale », in *Connexions* 76, 2001-2, pp. 81-93.
[113] VAN GENNEP Arnold "Les rites de passage [1909]", *Paris, Picard*, 1981.
[114] BOURDIEU Pierre, « Les rites comme actes d'institution ». In: *Actes de la recherche en sciences sociales*. Vol. 43, *Rites et fétiches*, juin1982. pp. 58-63.

Partie 2 : Expériences vécues par les professionnels

Cette partie s'appuie sur l'analyse des discours des professionnels. Le jeune majeur est entouré d'une multitude d'intervenants sociaux. Sans occulter l'importance de l'ensemble des acteurs, nous nous sommes attachées plus particulièrement à trois d'entre eux : les inspecteurs, les éducateurs de l'A.S.E. et les éducateurs des structures.[115] Nous présentons les registres mobilisés par les professionnels pour soutenir une situation et les contraintes auxquelles ils disent être confrontés. Celles-ci influencent les modalités de la prise en charge. La décision finale n'est pas prise de manière individuelle, elle résulte d'une série d'interactions entre plusieurs acteurs. Chacun négocie sur la base de calculs rationnels et émotionnels, mobilisant des répertoires et des registres différents en fonction des situations dans lesquelles ils se trouvent. Ils font aussi appel aux contraintes pour justifier leurs points de vue, en fonction de leur évaluation. Nous ne pouvons pas retracer l'ensemble du processus de décision de la signature d'un C.J.M. puisque le jeune est aussi un acteur dans ces négociations. Nous dégageons dans cette partie le processus qui amène les professionnels à proposer tel ou tel C.J.M.. Cette proposition résulte d'un travail d'arbitrage entre leur évaluation individuelle et la prise en compte des contraintes collectives. Nous n'avons pas discerné de différences dans les discours selon les catégories professionnelles. Le déséquilibre entre le nombre d'entretiens des éducateurs et de ceux des professionnels de l'A.S.E. est trop important mais surtout, les professionnels, quelles que soient la

---

[115] Nous n'avons pas passé d'entretiens auprès de toutes les professions représentées, non pas par manque d'intérêt pour la pratique de certains professionnels (psychologues, psychiatres, maîtresses de maison, personnel administratif...) qui jouent aussi un rôle important dans la prise en charge des jeunes majeurs mais par obligation de limiter nos entretiens au regard du temps réservé à l'étude. Nous avons donc privilégié les professionnels de l'éducation spécialisée (éducateurs d'internat et de l'A.S.E. et inspecteurs de l'A.S.E.).

place occupée et leur position hiérarchique, peuvent emprunter aux différents registres.

Dans un premier temps, c'est le cadre commun d'intervention qui est exposé, puis la manière dont les professionnels évaluent individuellement une situation. Quels sont les critères qui importent dans leur volonté de soutenir un jeune ou non et quels sont les registres mobilisés ? Quelles sont les contraintes prises en compte par les professionnels et comment influent-elles sur leurs pratiques ? Trois situations sont analysées afin de mettre en valeur ce qui se joue dans les arbitrages. Elles ont été choisies car elles donnent lieu à de nombreux débats, et ouvrent à des espaces de négociations pertinents pour notre analyse. Enfin, nous présentons les types de contrat que les professionnels proposent aux jeunes.

I/ La construction d'une évaluation individuelle

A/ Des objectifs et des limites à l'intervention socio-éducative

Les professionnels mettent en avant deux grands objectifs que doit comporter le C.J.M.. Tout d'abord, l'aide apportée (matérielle, financière, éducative) doit assurer une protection. Le C.J.M. protège un jeune d'une précarité économique mais surtout de difficultés familiales, sociales et éducatives qui le mettent en danger. Les professionnels doivent être en capacité d'évaluer les difficultés rencontrées par le jeune ainsi que le manque de soutien familial qui compromettent « son équilibre ».

Le deuxième objectif, qui devient de plus en plus prégnant ces dernières années, est d'insérer le jeune. Les pratiques éducatives ont été pensées pour que le jeune majeur s'affranchisse progressivement d'une assistance économique et tutélaire et entre progressivement dans l'âge adulte. Nous avons vu précédemment que les modes d'hébergement proposent une plus grande autonomie (les appartements partagés, studios), la réduction de l'encadrement éducatif, l'apprentissage d'un budget, d'un quotidien ménager, la possibilité d'une vie amoureuse au sein de l'institution[116], mais également l'accès aux différents droits (assurance sociale, carte électorale) et devoirs (déclaration d'impôts).

Ces deux objectifs placent les professionnels dans une ambivalence permanente, entre le devoir de protéger et l'obligation d'insérer, deux logiques d'action qui se distinguent fortement par leurs valeurs et les représentations collectives qui y sont associées. L'insertion permet une protection pour les jeunes dans le présent et

---

[116] Une des institutions qui ont participé à cette enquête permet aux jeunes de recevoir leur ami(e) dans leur logement, le week-end.

dans l'avenir. Mais qu'en est-il pour les jeunes qui ne sont pas en insertion ?

D'un côté, l'assistance est conçue comme une continuité logique de la protection des mineurs, de « mise à l'abri ». De l'autre, la prise en charge est perçue comme un levier d'insertion. Cependant, aucun des professionnels rencontrés ne choisit un objectif plutôt qu'un autre, ils agissent en fonction des situations rencontrées et des arbitrages opérés lors de leur évaluation. Ces deux objectifs se cumulent lors d'une première demande de contrat. Ils influent sur les conditions d'attribution unanimement clamées par tous les professionnels : le jeune doit être requérant, avoir un projet, être dans une situation qui réclame assistance et avoir besoin d'un accompagnement éducatif. Cependant, ces critères d'attribution sont suffisamment imprécis pour laisser aux acteurs une marge de subjectivité dans leurs évaluations. Ils doivent remplir ces deux objectifs en prenant en compte les limites que comporte cette intervention. Pour cette enquête, nous en avons relevé principalement deux. La première est liée au temps imparti pour cette aide qui est de trois ans maximum. La deuxième est le cadre contractuel comme unique dispositif d'aide aux jeunes majeurs.

B/ La subjectivité des évaluations

L'accompagnement repose sur un travail en partenariat. Les professionnels rencontrés font valoir leur volonté et la nécessité de collaborer sur des valeurs partagées, afin de soutenir au mieux le jeune majeur :

> *En général, ça se passe bien, parce que j'ai eu la chance de travailler avec... enfin, il y a deux cas précis où je travaille vraiment en collaboration étroite avec les éduc A.S.E. et du coup ça se passe bien, parce que le jeune on le porte, et du coup ça se passe bien.* <u>Educatrice 2 Jaws</u>

Pourtant, nous allons voir que la volonté d'un partenariat basé sur des mêmes valeurs est loin d'être une évidence. Aujourd'hui, la quasi-totalité des projets de services et d'établissements sociaux s'articulent autour des « meilleurs accompagnements » à l'autonomie. Un rapport de l'I.G.A.S. de 2005 soutient l'idée que la qualité des interventions est liée à la personnalisation des prises en charge, les interventions devant se faire sur la base d'un projet personnalisé[117]. Toutefois, ces pratiques individualisées posent le problème de l'arbitraire des sélections et de l'égalité d'accès des individus à ce type de dispositifs d'aide[118].

Les professionnels enquêtés expriment leurs difficultés face à l'évaluation d'une situation ; malgré les critères constamment énoncés par tous, celle-ci s'effectue selon eux de manière arbitraire. Ils parlent d'évaluation « à la tête du client » en expliquant que ce sont les relations qu'ils entretiennent avec le jeune qui priment. Ils regrettent l'existence de critères plus officiels, précis, universels qui limiteraient cette part de subjectivité. « La signature c'est du cas par cas, disent les professionnels interrogés. Pour eux, ces évaluations ont pour conséquence de faire apparaître des jugements moraux envers le jeune mais également envers les autres professionnels qui ne partagent pas les mêmes avis sur une situation. Cette part de subjectivité est génératrice d'incertitude, provoquant finalement de la méfiance et un repli dans chaque catégorie professionnelle (éducateurs des structures, ceux de l'A.S.E. et inspecteurs). En effet, ils expliquent qu'ils doivent non seulement prendre en compte les logiques de chacun des départements avec lesquels le jeune contractualise, mais que les inspecteurs et éducateurs dans un même département peuvent avoir également des logiques très différentes. Ces pratiques individualisées, car liées à des personnes et à des territoires, génèrent différentes capacités stratégiques de la part des professionnels de terrain, au risque d'accentuer la coupure

---

[117] BOUTEREAU-TICHET S., JOURDAIN-MENNINGER D., et LANNELONGUE C., *Le travail social auprès des jeunes en difficulté dans leur environnement*, Rapport 2005 013 Tome I/II Juillet 2005 effectué pour l'Inspection générale des affaires sociales, voir p 97.
[118] BARTHOLOME Christophe, « l'accompagnement : un concept au cœur de l'Etat social actif, le cas des pratiques d'accompagnement des personnes handicapées », in *Pensée plurielle*, N°10, 2005/2.

entre « ceux qui sont au front », en contact direct avec les jeunes, et « ceux qui sont à l'arrière », coupés des réalités du terrain[119].

Mais c'est surtout le sentiment de devoir désormais se « battre », et celui de se mettre en position de « défense » qui sont fortement exprimés dans les entretiens. Par exemple, un responsable de la structure peut se déplacer avec l'éducateur et le jeune majeur lors du renouvellement d'un contrat, pour influencer la décision de l'inspecteur, lorsque la situation est considérée trop fragile. Ces situations clivées, où chacun défend sa position, émergent avant tout lorsque les jeunes ne remplissent pas les conditions qui leur ont été attribuées :

> *Les travailleurs sociaux de l'A.S.E. nous renvoient la pression, en nous disant «Il y en a de moins en moins...» donc par exemple, là, pour Elodie, qui sera majeure en avril... c'est une jeune fille qui a mis beaucoup en échec ses prises en charge, qui a été extrêmement grossière avec tout le monde, euh... c'est un mauvais personnage si tu veux. Et là, le travailleur social il nous dit « Ca va être difficile à négocier », bon, là tu sens une pression où tu te dis «Bon, par quel bout on prend les choses, quelle stratégie on prend», comment on amène la jeune aussi à se préparer à cet entretien. Bon elle a été capable de s'excuser, donc c'est une bonne chose. Elle a pu se poser à la suite, c'était un peu un défi cette prise en charge, et on sent que ce contrat-là, c'est «Je ne sais pas trop, il faut bien le défendre», là on te dit que sur ce département en ce moment, ça signerait moins, je ne sais pas... Mais tu sais ça, ça nous pourrit plutôt l'esprit, ce n'est pas constructif comme pression.*
> <u>Pourquoi ?</u>
> *Parce que ça fait de la tension inutile et plutôt que de rester dans une forme d'objectivité, on va se décaler un peu en essayant de penser à des stratégies qu'on ne devrait pas avoir à penser.*
> <u>Ca peut être quoi ?</u>
> *Ben dans la manière dont tu vas présenter la situation, la manière dont tu dis ou tu dis pas, tu écris, tu n'écris pas... de montrer plus les progrès et moins les difficultés qui restent. C'est le sentiment*

---

119 Coupure qui a toujours existé et qui s'est accentuée avec ce que Jacques Ion nomme la « balkanisation du social », ION Jacques, *Le travail social au singulier*, Paris, Dunod, 1998.

que ça nous oblige... ça nous met nous aussi dans la pression, et ça devrait pas. <u>Educatrice 3 Jaws</u>

C/ Les registres d'arbitrage

Face aux multiples « manières de faire » aboutissant à des décisions différentes pour des situations qui semblent similaires, nous avons cherché à comprendre les logiques des professionnels qui influent sur les modalités de prise en charge. Nous avons postulé au début que les professionnels oscillent entre la logique de protection et celle d'insertion. Toutefois, l'analyse de leurs entretiens nous a amenées sur un autre chemin. Soutenir un jeune, vouloir rompre un C.J.M. dépend finalement de deux variables : la relation et l'insertion. La logique de protection est présente dans les discours, elle constitue un objectif de cette aide et elle est induite dès le départ en légitimant le premier placement lors de la minorité ou lors de la majorité. Durant la prise en charge majeure, cette dimension de protection telle qu'elle est pensée pour les mineurs tend à s'effacer. Si certains professionnels continuent à « travailler » sur les liens familiaux, ce n'est pas pour favoriser un retour dans la famille. Il ne s'agit plus de protéger l'enfant comme mission première, mais bien de lui permettre de devenir adulte. Toute la complexité pour les professionnels est de mesurer l'évolution du jeune vers la vie adulte au regard d'une multitude de critères. La manière de concevoir la nature de la relation devant s'instaurer entre un jeune et un travailleur social diverge d'un professionnel à l'autre. En analysant les discours, nous avons pu affiner les critères auxquels les professionnels s'attachent pour évaluer à la fois le degré d'insertion du jeune et la nature de la relation.

Le registre de la relation et du sensible

La relation est l'élément premier de l'intervention sociale[120]. Elle légitime le travail des éducateurs. Accepter la relation avec autrui est une attitude valorisée, une qualité personnelle, permettant au jeune de mûrir, de grandir, de s'approprier son passé, de devenir adulte. La relation est évaluée selon la capacité du jeune à solliciter les éducateurs et à faire valoir cette aide éducative. Les professionnels sont clairs sur ce critère. Le C.J.M n'est pas une aide au logement mais un soutien éducatif :

> *Le contrat jeune majeur ce n'est pas tous les jeunes en insertion professionnelle qui vont venir à l'A.S.E., ce n'est pas ça. C'est l'aide sociale à l'enfance, donc cette dimension d'accompagnement éducatif et social est aussi primordiale. Un jeune qui ne respecte pas ou qui refuse d'accepter cet accompagnement, on ne voit pas très bien comment on pourrait poursuivre sa prise en charge. Dans ce cas-là, pour son insertion professionnelle, il ira voir la mission locale. Ce sera bien mieux que l'A.S.E..* <u>Ex-inspectrice 75</u>

Le jeune qui ne s'inscrit pas dans une relation éducative, tout en étant en difficulté d'insertion, est considéré comme stagnant dans son évolution. C'est ce que souligne cet éducateur lorsqu'il évoque la situation d'un jeune pour lequel le C.J.M. s'arrête, les éducateurs n'arrivant plus à travailler avec lui :

> *On a utilisé toutes les armes qu'on avait, les entretiens, l'accompagnement, plus de proximité. Mais c'est un peu difficile à définir les outils qu'on utilise parce que c'est plus dans la parole, dans les attitudes, donc tu vas être plus ferme, plus détendu dans l'échange au milieu d'un sport, dans une sortie. Quand je parle d'outils, c'est vraiment ça, dans le relationnel. Ou quand ces outils-là t'as tout essayé, la palette de trucs que tu pouvais utiliser et que ça fonctionne pas, il y a pas de prise sur le jeune, tu vois qu'il ne prend pas en compte ce que tu peux lui dire, qu'il n'arrive pas quoi. Et on estime qu'on est arrivé au bout d'un truc.* <u>Educateur 5 Kirra</u>

C'est à partir de la relation que les professionnels évaluent l'évolution du jeune. Celle-ci n'est envisageable qu'à partir du

---

[120] MESSU Michel, « Relation et éducation » in *Education et Société*, revue internationale de sociologie de l'éducation, n° 22, 2008.

moment où le jeune réagit, se sent affecté par ce qui lui est proposé. C'est en effet par la relation que les professionnels travaillent avec le jeune sur son histoire passée et sur son présent. Ce rapprochement constituant une première étape selon le travail de Frédérique Giuliani, permet aux professionnels d'être au plus près du ressenti et du vécu de la personne par le biais de son récit pour ensuite être capables de catégoriser la situation, de penser le problème, et d'agir dessus[121]. Lors des négociations autour du C.J.M., les professionnels peuvent mettre en avant le parcours de vie du jeune. Retracer son histoire a pour objectif de soutenir une poursuite de prise en charge, soit pour valoriser la manière dont il « s'en est sorti », les obstacles auxquels il a été confronté, soit pour expliquer les blocages qu'il rencontre dans le présent en raison d'un passé difficile. Cette dimension, qui est du registre du sensible, tend à provoquer de l'émotion chez l'interlocuteur et à le convaincre du bien-fondé d'une poursuite de C.J.M..

Le jeune ne doit pas non plus se montrer trop proche des professionnels. Il doit respecter une bonne distance. Avoir des familiarités avec son intervenant social est mal perçu, laissant croire à une forme de séduction et de manipulation :

> *Je me rappelle d'une jeune, qui était très dans la séduction. (...) Elle avait vraiment des souffrances, je ne me rappelle plus exactement lesquelles, mais genre elle avait été abusée, des choses comme ça. Elle était donc dans la drogue. On l'avait virée, parce qu'elle mettait en avant qu'elle n'avait rien, elle marchait vraiment au chantage comme quoi on la foutait à la rue, eh bien on l'a fait. Elle s'en foutait du soutien éducatif. Elle était vraiment que dans la séduction. Moi je la voyais et d'un seul coup elle me disait « Oooh ! Vous avez des yeux... ! ». Enfin vraiment n'importe quoi. On voyait qu'elle essayait de gruger tout le monde... En même temps ça en était ridicule...* <u>Educatrice A.S.E. 91</u>

Nous observons que le lien repose également sur la capacité du jeune à être présent physiquement auprès des éducateurs du foyer, ou de l'A.S.E. (venir aux rendez-vous à l'A.S.E., mais aussi participer aux activités du foyer, aux réunions prévues par les éducateurs, les solliciter, passer à leur bureau régulièrement). Des

---

[121] GIULIANI Frédérique, opus cit. 2006.

relations distantes peuvent toutefois être valorisées lorsque le jeune est prêt à partir des dispositifs, attestant alors de son autonomie vis-à-vis des services sociaux :

> *Je reviens à Edouard, qui est un jeune homme très travailleur, qui a fait beaucoup de stages à l'étranger, en Chine, je sais plus où, qui est vraiment bosseur, qui connaît... qui mène déjà sa vie et qui vient à la limite... qui a besoin d'aide, qui a besoin de soutien, de temps en temps, de parler mais beaucoup moins qu'un autre. Donc il va venir chercher son chèque, et puis il sauve la face, il passe son petit coup de téléphone, il est super autonome, il y a pas de difficulté majeure. Donc là c'est encore quelque chose de différent « Bon, ben je vais partir, je suis en train de chercher un appart, je vous tiens au courant quand je l'ai trouvé, vous en faites pas quoi », en gros c'est ça.* <u>Educateur 5 Kirra</u>

Ainsi, la relation est une variable primordiale pour évaluer une situation. Témoigner d'une bonne relation est un argument en la faveur d'une poursuite de prise en charge, attestant de la capacité du jeune à recevoir des autres et à demander du soutien. Ce registre est mobilisé pour toutes les situations rencontrées (que le jeune soit en activité ou non).

<u>Le registre de l'insertion</u>

Concernant l'insertion, nous avons déjà souligné son avènement dans le champ de la protection de l'enfance. Elle est qualifiée par les professionnels d'autonomie matérielle et psychique. Selon les discours, être inséré, c'est subvenir par ses propres moyens à ses besoins élémentaires (notamment le logement…), quitter le champ de l'assistance en étant indépendant, et être capable de faire des choix. La notion d'insertion s'intègre dans la conception de l'idéal éducatif, la croyance en la transformation de la personne, en son émancipation et en son inscription dans des collectifs d'intégration :

> *Il suffit d'y croire. Nous, on estime qu'un jeune qui arrive ici, il n'a pas... Il faut qu'il ait un projet en tête, mais ça veut pas dire un projet ficelé, démarré... C'est-à-dire qu'on peut imaginer euh, on a des jeunes qui arrivent ici et qui ont arrêté l'école, depuis souvent un moment, ou qui sont dans un tel absentéisme, c'est comme si ils avaient arrêté l'école, euh, en rupture familiale très compliquée... Ils arrivent là, le seul projet au départ, c'est poser les valises, faire*

le point, penser à soi et essayer de reconstruire un projet.
Éducatrice 7 Belharra

Par exemple, se lever le matin peut être considéré comme une forme d'insertion au début de la prise en charge, mais peu à peu uniquement se lever le matin ne suffit plus pour justifier une progression. Les professionnels évaluent la « transformation » de la personne en fonction de la relation et de l'insertion, deux variables significatives pour comprendre la poursuite de la mesure. L'analyse des discours des professionnels permet de distinguer quatre types de situations auxquels ils sont confrontés.

D/ L'évaluation des situations

Insertion professionnelle +

Les « agaçants » 　　　　　　　　　　Les « parfaits »

　　La situation　　　　　　　　　　　La situation
　« agaçante »　　　　　　　　　　　« idéale »

Relation éducative -　　　　　　　　　　Relation éducative +

　　La situation　　　　　　　　　　　La situation
　« discréditante »　　　　　　　　　« fragile »

Les « discréditants »　　　　　　　　　Les « protégés »

Insertion professionnelle

La situation « idéale »

« Idéale » car c'est en quelque sorte la situation modèle, celle qui sert de référence. D'une part, parce qu'une relation éducative s'est s'instaurée entre eux et le jeune et, d'autre part, parce que ce dernier est considéré comme inscrit dans un processus d'insertion stable. Elle répond aux deux objectifs du C.J.M : la protection et l'insertion. L'accompagnement éducatif est jugé réussi, il a abouti à une socialisation du jeune. Les deux formes d'autonomie visées par les professionnels (psychique et matérielle) se rejoignent :

> *Je pense que dans le travail que je fais, le préalable à l'objectif à atteindre, c'est de permettre à ces filles-là de savoir faire... de devenir autonome, savoir se débrouiller d'elles-mêmes. Et notre fierté, c'est de voir des filles, comme celle qui est infirmière en chef dans l'hôpital d'à côté qui vient nous rendre visite, on est contents de la voir. Une fille qui était ici par exemple, on s'est battus pour elle, quand on voit qu'elles réussissent quoi, quand on voit qu'elles ont une bonne situation, nous on est contents de ça, on en est fiers. Même si le salaire est pas énorme, le fait de savoir que c'étaient des filles qui étaient déstructurées qui arrivent, et puis du jour au lendemain, elles sont stabilisées, elles ont un foyer, elles ont une activité professionnelle, elles ont une vie correcte, nous en sommes fiers.* <u>Educateur 8 Belharra</u>

Dans cette « situation idéale », les professionnels ont l'impression d'instaurer une relation d'adulte à adulte, celle-ci attestant que le jeune a acquis une autonomie et qu'il est capable de quitter le dispositif de la protection de l'enfance:

> *C'est vrai que comme on a partagé une tranche de vie qui peut avoir été très importante, ben oui, ça se défiloche pas en deux temps trois mouvements, mais au moment où un contrat jeune majeur s'arrête et même avant, si ça fonctionne bien, ça devrait même être avant, euh... la relation entre un travailleur social et un jeune majeur suivi devrait à un moment arriver sur une équivalence. A partir du moment où elle arrive sur une équivalence, ça veut dire que le contrat jeune majeur n'a plus lieu d'être ; que la prise en charge disons, n'a plus lieu d'être, sauf pour des motifs comme euh... le diplôme n'est pas encore passé, il y a besoin d'encore un petit peu de temps pour euh... assurer des bases matérielles etc., mais on n'est pas dans le registre symbolique relationnel, et à partir du moment où ce*

> *passage s'est fait entre des relations déséquilibrées avec un qui sait plus, qui est plus adulte, qui est plus mature, machin et puis l'autre qui apprend, et qu'on est arrivé à un truc un peu d'égal à égal, d'adulte à adulte, c'est fini. Moi, je considère que c'est fini, je leur dis même « Bon, là c'est bon, le boulot il est terminé, si tu veux revenir me voir tu viens, mais sinon... ».* <u>Educateur A.S.E. 75</u>

La situation « agaçante »

Il s'agit d'une situation où le jeune est dans un processus d'insertion professionnelle et/ou scolaire. Toutefois, les professionnels font part d'un manque de relation avec lui, celui-ci étant considéré comme trop distant. Ces situations sont agaçantes dans le sens où elles font surgir chez eux une forme d'irritation car ils ne se sentent pas reconnus dans leur travail (le jeune vient en retard aux rendez-vous, n'envoie pas les documents demandés ou bâcle sa demande de renouvellement de contrat).

> *Là, j'en ai un, son contrat arrive à terme le 31 janvier... Et il est arrivé il y a deux jours en me présentant sa demande sur un papier déchiré comme ça, plein de fautes et de ratures, alors la demande est bien faite parce que c'est quelqu'un qui écrit et s'exprime très bien, mais plein de fautes et de ratures, alors je l'ai renvoyé en lui disant, « moi tu me présentes ça, pour moi c'est irrespectueux ».* <u>Educatrice A.S.E. 75</u>

Ils s'interrogent sur la légitimité de la continuité d'un C.J.M.. Le détachement du jeune les laisse penser qu'il cherche à profiter des droits qui lui seraient octroyés. Le travailleur social se sent réduit à un rôle de guichetier et renvoie alors aux jeunes que l'A.S.E. « n'est pas une banque», que le foyer n'est pas «l'hôtel restaurant » :

> *Quand on est uniquement dans de l'hébergement, on a des jeunes qui viennent ici chercher de l'argent, pour pouvoir manger, s'habiller, qui vont dormir dans les foyers ou les hôtels, qui font leurs trucs à l'extérieur, mais on a très peu de regard là-dessus, et très vite, ça fait système ce truc-là. Donc on a des jeunes qui appellent le bureau de l'Aide sociale à l'enfance euh... comment il s'appelle, je sais plus si c'est la Caisse Enregistreuse ou quelque chose comme ça. Donc ils viennent ici à la caisse, le travailleur*

social, c'est le guichetier, qui donne le papier qui permet d'avoir le fric, ils repartent, et ils font leur vie comme ça, et ils s'en portent très bien. Educateur A.S.E. 75

Lorsque la relation est coupée, l'insertion scolaire ou professionnelle peut alors devenir totalement insuffisante pour justifier la poursuite du C.J.M. :
> *J'avais un contrat jeune majeur, une jeune elle était à Assas. On a arrêté le contrat jeune majeur, ça s'est très très mal passé, on a arrêté, elle était violente avec sa mère, donc on a arrêté. Non, et puis quelqu'un de très brillant, qui a eu son BAC avec mention très bien, une fille très brillante, avec des gros problèmes psy, mais très brillante.*
> *Et ça arrive aussi que des jeunes majeurs eux-mêmes arrêtent ?*
> *Là, c'est elle qui a arrêté, non, ce n'est même pas... non, le renouvellement du contrat jeune majeur, le rendez-vous s'est terminé en live, elle a commencé à m'insulter, le responsable de secteur s'est mis en colère, elle a dit « puisque c'est comme ça je me casse », et il lui a dit « très bien, eh bien partez ». Voilà.* Educatrice A.S.E. 75

La situation « fragile »

Dans cette situation, les professionnels sont confrontés à un jeune considéré comme n'étant pas dans un processus d'insertion et rencontrant de nombreuses difficultés dans son parcours (échecs scolaires notamment). Cependant, ils sont en lien étroit avec lui. Ils vivent avec beaucoup d'inquiétude son manque d'insertion et cherchent un autre moyen pour le protéger. Ils le soutiennent pour que la mesure se poursuive en faisant appel à d'autres registres que la réussite scolaire, ou professionnelle. La logique de protection devient la seule mobilisée pour soutenir le jeune. Selon eux, le C.J.M. vient pallier un déficit d'aides sociales. Cependant, pour tous les professionnels, mettre en avant cette unique logique est du « bricolage », une déviance par rapport au cadre légal du contrat. C'est une situation « d'attente » qui doit ouvrir à d'autres relais de protection après 21 ans :

> *Voilà, ce genre de dispositifs, ou même je ne sais pas, de la psychiatrie. Mais qu'il y ait des relais qui se fassent de ce côté-là. On se dit « Allez, on fait un contrat jeune majeur », comme ça au moins il y a un temps où cette personne-là, elle ne va pas se retrouver à la rue.* <u>Inspectrice 1 A.S.E. 94</u>

Dans cette situation, le jeune est considéré comme victime et non responsable de sa condition. L'inactivité est acceptée parce qu'il est « coopératif », en demande d'aide, et qu'il accepte un suivi psychologique. Parfois, persuadés par la légitimité de leur intervention, les professionnels prennent l'initiative de la poursuite du C.J.M. même si le jeune n'est pas partie prenante. Ils soutiennent, « portent » le jeune pour le protéger et l'amènent à accepter l'aide proposée :

> *Ca peut durer tout le long du contrat, parce qu'après, le problème pour des majeurs et du soin, c'est qu'il faut qu'ils soient partie prenante. Et des fois, ils ne le sont jamais, donc on poursuit, on poursuit, parce que nous, on est convaincus qu'ils en ont vachement besoin, et eux ils sont là* <u>Educateur A.S.E. 75</u>

Cependant, lorsqu'ils vivent ce type de situation, ils s'accordent à dire que le C.J.M. n'est pas adapté parce que le jeune est décrit comme n'étant pas en capacité de choisir et de contractualiser.

La situation « discréditante »

Dans cette situation, les jeunes ne sont pas évalués comme étant dans une dynamique d'insertion. Mais à la différence de la « situation fragile », ils sont perçus comme refusant la relation éducative. Considérés par les professionnels comme des « preneurs de rien », ces situations sont « discréditantes » dans le sens où l'attitude des jeunes discrédite la vocation d'insertion donnée au C.J.M. et le travail éducatif qui l'accompagne (fugue, violences, drogues, etc.). Ces situations représentent les « limites de l'éducatif » :

> *Non, là ils sont déjà à moitié dans la rue, là ils iront complètement dans la rue. On a des jeunes qui sont vraiment, enfin, qui ne relèvent même pas de l'A.S.E. qui relèveraient de la PJJ*

> *normalement. Mais il y en a peu, heureusement. C'est la cata. Alors eux ils ne sont pas en demande à notre égard, parce que de toute façon ils ne sont pas en demande à l'égard de l'A.S.E. parce qu'ils ne sont pas en capacité de demander non plus. Mais quand ils auront 18 ans, nous on n'est pas outillés pour leur proposer quoi que ce soit. On est plus dans de l'éducatif là.* <u>Educatrice A.S.E. 75</u>

Selon les professionnels, les jeunes qui discréditent le rôle des intervenants considèrent l'A.S.E. comme un dû et s'installeraient dans l'assistanat. Le droit à l'assistance est réduit à son caractère repoussoir. Les professionnels peuvent arrêter le contrat estimant que la situation relève d'autres dispositifs d'aide de droit commun (missions locales par ex.). Ils s'accordent à dire que le C.J.M. n'est pas une solution devant pallier seulement un manque matériel (de logement en particulier), ni une aide sociale qui doit subvenir aux seuls besoins financiers des jeunes :

> *Il faut vérifier que l'on n'est pas dans une problématique uniquement de logement, là on est clair là-dessus et c'est partagé par l'ensemble des groupements. À partir du moment où on est seulement sur une question de rupture d'hébergement on n'est pas dans le cas du contrat jeune majeur. On va renvoyer sur les dispositifs de droit commun type 115, même ça peut être un accompagnement par une assistante sociale de polyvalence de l'EDS. Mais pour qu'il y ait un contrat jeune majeur il faut qu'il y ait une demande d'accompagnement éducatif et l'idée de mettre en place au plus vite un projet professionnel en vue de l'autonomie.* <u>Inspectrice 2 94</u>

III/ La prise en compte des contraintes et conséquences sur les pratiques

Ainsi, les professionnels font appel à deux registres pour évaluer une situation : la relation, et l'insertion. Par ailleurs, rappelons que nous avons relevé deux limites d'intervention : le temps imparti au C.J.M. qui est de trois années maximum et le cadre contractuel de la mesure. Nous avons essayé de comprendre comment ces limites sont mobilisées par les professionnels, en faveur ou en défaveur d'une situation dans un registre de contrainte. Trois contraintes s'imposent aux acteurs : la contrainte temporelle, la contrainte contractuelle et la contrainte économique.

A/ La contrainte temporelle

La limite temporelle de cette prise en charge peut être vécue comme une contrainte influençant des pratiques auprès des jeunes majeurs. Nous avons relevé deux manières de concevoir ce temps du C.J.M. Le professionnel considère ce temps soit comme seuil d'accès à la vie adulte, soit comme un passage « d'expérimentation »[122]. Il est important de souligner que nous n'avons pas trouvé deux catégories de professionnels. Ces conceptions différentes du rapport au temps se retrouvent en même temps chez un même professionnel. Par contre, ces deux conceptions du temps du C.J.M. sont mobilisées selon les situations des jeunes.

Lorsque le professionnel considère le temps du C.J.M. comme un seuil d'accès à l'âge adulte, l'issue de la prise en charge doit aboutir à une protection salariale, permettant au jeune de sortir de l'assistance sociale :

> *L'objectif c'est qu'il puisse s'assumer. Justement en alternance, une fois qu'il y a un salaire le contrat jeune majeur s'arrête. Dans*

---

[122] GALLAND Olivier, *Sociologie de la jeunesse,* opus cit.

> *le cas d'une rémunération progressive du contrat de professionnalisation, ça lui permet d'être autonome, de pouvoir accéder à un logement.* <u>Educatrice 9, Belharra</u>

Cette contrainte tend à rétrécir la période de transition à l'âge adulte. Elle incite le professionnel à faire prendre conscience au jeune de la fin de prise en charge afin qu'il puisse anticiper son avenir. L'accompagnement se focalise sur le temps présent au regard de la sortie du jeune :

> *Je dirais que l'autonomie c'est le maître mot du contrat jeune majeur. C'est vraiment l'idée d'accompagner le jeune vers cette autonomi- là. Moi je dis souvent lors du premier contrat au jeune que dès ce premier contrat on pense à la sortie du dispositif. Alors parfois ils sont un peu... parce qu'ils se disent que 3 ans c'est long mais en fait c'est tellement court que dès le départ il faut qu'on se projette. À 21 ans, il n'y aura plus rien donc tout va être lié à ce temps.* <u>Inspectrice 2 94</u>

Le professionnel formule de fortes craintes par rapport à l'avenir du jeune. L'action éducative consiste alors à prévoir que celui-ci détienne un maximum de supports d'accès à l'âge adulte: emploi, logement. Ces supports sont considérés essentiels pour assurer la sécurité matérielle du jeune majeur à la sortie des dispositifs. La fin de la période jeune majeure correspond à un basculement dans la vie adulte.

Lorsque le temps du C.J.M. est envisagé comme un temps « d'expérimentation », celui-ci est considéré comme une expérience formatrice parmi d'autres. Le professionnel fixe son travail sur des temps longs d'accompagnement, il valorise la progression lente, à tâtons, par expériences. Il relativise le manque d'autonomie, en comparant les jeunes à d'autres de leur âge. Le temps du C.J.M. est considéré comme une expérience parmi d'autres où le jeune doit apprendre à savoir profiter des aides, du soutien, des conseils qui lui sont apportés, qui lui serviront dans son parcours de vie, sur un long terme. Toutes les aides apportées sont considérées comme une forme d'investissement dans l'avenir d'un futur adulte. La fin de cette période ne correspond pas à un basculement dans la vie adulte.

Ainsi, au regard de ces rapports différents au temps, se créent des zones d'incompréhension et de désaccords entre les professionnels à propos du contenu de cette prise en charge. Nous avons relevé un sujet polémique pour les travailleurs sociaux qui selon les choix pris influence le parcours des jeunes : les études. Le choix entre études longues et études courtes souligne combien agit cette contrainte de temps.

Certains s'accordent à dire que les jeunes de l'A.S.E. ne peuvent pas prétendre à des études longues. Justifiant leur choix par le manque de soutien familial, ils contraignent le jeune à choisir des études courtes ou à arrêter un processus scolaire pour trouver un emploi avant la sortie des dispositifs :

> *C'est toute la question des limites de la prise en charge jeune majeur. C'est qu'elle s'inscrit dans une réalité qui n'est pas forcément celle des jeunes qui vont être chez leurs parents et qui vont pouvoir bénéficier d'un accompagnement jusqu'à leurs 26-28 ans s'ils veulent faire des études longues. (...) c'est quand même une réalité qui fait qu'à 21 ans, de toute façon nous on ne sera plus là. L'objectif c'est quand même que ce jeune puisse être autonome sur un temps court. Ce n'est pas forcément la réalité d'autres jeunes qui ne sont pas suivis par l'A.S.E.. C'est aussi difficile pour nous d'accepter ça mais ça fait partie des réalités.* <u>Inspectrice 2 94</u>

Là, elle arrive à ses 21 ans, elle a eu un C.J.M.. Elle a fait un bacpPro secrétariat, elle a réussi elle avait de bonnes notes, elle était assez brillante scolairement. Comme elle n'a aucun point d'appui au niveau de sa famille, elle se démerde. Donc on lui a dit « Tu as peut-être de grands projets mais là comme tu arrives à 21 ans, il faut que tu te prennes en charge. ». On l'avait poussée, quand il n'y avait plus que six mois de prise en charge possible, on l'avait poussée à trouver un boulot même si ce n'était pas vraiment dans sa branche. Elle est serveuse et elle en convient qu'il faut qu'elle s'assume. Là il lui reste encore 4-5 mois avant ses 21 ans, elle va aller dans un genre de foyer de jeunes travailleurs. Elle a trouvé un CDI en restauration, c'est vachement dur, ça lui plaît moyennement mais quand même elle est bien vue, elle est courageuse. Et puis elle se dit qu'elle va remettre à plus tard ses projets, elle voulait aller à l'étranger, elle avait comme ça des petits rêves. Il fallait un petit peu qu'elle atterrisse et voir qu'à 21 ans c'est vraiment elle toute seule <u>Educatrice A.S.E. 91</u>

Certains professionnels considèrent que le premier diplôme professionnel doit entraîner le départ du jeune des dispositifs. Le diplôme est alors considéré comme le support suffisant pour accéder à une autonomie financière et matérielle:

> J'ai un jeune, il a fait un BEP plomberie chauffagiste, il voulait embrayer sur un bac pro, c'est non parce qu'il a de quoi subvenir à ses besoins, à rentrer dans la vie active avec des outils qui sont son diplôme, une autonomie qui soit financière, dans la prise en charge de son quotidien, il est autonome, donc on ne va pas au delà. Donc, ça peut s'arrêter à 19 ans. Il n'y a pas beaucoup de jeunes qui vont jusqu'aux 21 ans. <u>Educatrice A.S.E. 94</u>

Cette simultanéité du premier diplôme et de l'arrêt de la prise en charge n'est pas partagée par tous les professionnels. Le choix du jeune majeur à s'engager dans des études qui se prolongent au-delà de leurs 21 ans soulève des tensions et provoque de nombreuses négociations entre les professionnels et avec le jeune majeur. La décision d'accepter ou de refuser un processus scolaire qui se prolonge au-delà du C.J.M. s'effectue selon certaines conditions. D'une part, le jeune et les éducateurs qui le soutiennent dans cette démarche doivent démontrer lors de la signature du C.J.M. que le jeune pourra subvenir à ses besoins à la sortie du dispositif (par l'octroi d'une bourse mais aussi par sa volonté de poursuivre dans des conditions économiques plus difficiles). D'autre part, lorsque le jeune doit être considéré comme suffisamment « courageux », « volontaire », et « investi », il doit être en mesure d'apporter la preuve de ses bons résultats :

> Mais un jeune voilà, qui a un BEP, qui veut aller au BAC pro et tout, si nous on y croit, qu'on a fait une note de situation dans laquelle on donne envie à l'Inspecteur ; qu'on a fait faire au jeune, que le jeune a fait sa lettre dans laquelle il défend son projet, alors je dis pas que ça existe pas, je sais qu'il y a des inspecteurs épouvantables... on en a eu... mais je crois vraiment que sur des trucs comme ça on peut obtenir en y croyant. <u>Educatrice 4 Kirra</u>

Dans ces situations, c'est l'incertitude de l'avenir du jeune qui place le professionnel dans une logique ou dans une autre. La crainte que le jeune majeur traverse une période de grande précarité à la sortie des dispositifs parce qu'il aurait été mal orienté est très présente. Le manque de support familial du jeune à sa sortie incite les professionnels à le contraindre à sécuriser sa trajectoire en accédant à un statut salarial. Ainsi, l'aboutissement dépend de la capacité du jeune à négocier, à être suffisamment en relation avec un adulte pour être soutenu dans sa démarche. Ces pratiques ont pour conséquence de favoriser les jeunes qui ont une plus grande maîtrise de leur avenir et possèdent finalement le plus de supports leur permettant d'avoir des capacités stratégiques : support scolaire, familial, relationnel et capacité de négociation.

La durée des C.J.M. : un outil entre arbitrages et prise en compte des contraintes

Le C.J.M., précisons-le, est accordé pour une durée d'un mois à un an renouvelable jusqu'aux 21 ans maximum. La durée des contrats est décidée lors de la signature du C.J.M. mais il arrive que les éducateurs soumettent à l'inspecteur une durée pour le contrat. Pour les jeunes majeurs enquêtés en 2009, la durée moyenne des contrats en cours est d'environ 8 mois (7,94) en 2009. 16% ont des contrats d'une durée inférieure à six mois, 44% entre six mois et un an, et 28% de plus d'un an[123].

Ce sont les étudiants occupant parallèlement un emploi (que ce soit de l'alternance ou un job à côté) qui ont les contrats les plus longs (10,33 mois). A contrario, les jeunes qui n'ont pas d'activité particulière ou sont en attente de formation ont les contrats les plus courts, d'une durée de 4 mois et demi et les salariés qui ne poursuivent plus d'études ont également des contrats courts (6 mois). Ainsi, les étudiants bénéficient d'une durée de contrat plus longue, les échéances du contrat s'appuyant sur des rythmes scolaires (fin de semestre, fin d'année scolaire, en attente de résultats d'examen, etc.), chaque demande de renouvellement permettant alors à l'inspecteur de considérer les bulletins scolaires et le choix d'orientation. Les jeunes en difficulté d'insertion ou en situation salariale sont amenés à solliciter plus souvent une prise en charge. Ces durées s'établissent également en fonction de critères

---

[123] 12% de non-réponses à la question sur la durée des C.J.M. en cours.

plus subjectifs, s'apparentant à un outil de travail stratégique des professionnels à l'égard du jeune.

Des professionnels approuvent les contrats courts, les considérant utiles pour les jeunes les plus en difficulté d'insertion. L'enquête interne de l'association montre que ce sont les jeunes sans activité, les plus éloignés du marché du travail ou de la scolarité qui ont les contrats les plus courts. Ces courtes durées sont utilisées lorsque la contrainte temporelle est mise en exergue par les travailleurs sociaux, qui sont face à une situation où le jeune n'est pas considéré dans un processus d'insertion. Les renouvellements permettent de faire un point, de réajuster les objectifs du contrat et surtout de dynamiser le jeune dans une démarche d'insertion. L'échéance définit un temps durant lequel le jeune doit se motiver, se bouger, trouver un projet.

> *Enfin, en même temps, ça nous permet... qu'ils aient la crainte ça nous permet de bosser aussi et de faire avancer les choses parce qu'on se retrouve avec des jeunes filles qui ont parfois un peu de mal à se mettre en route à se motiver. Donc nous ça nous permet de les motiver, en leur disant «Attention, dans trois mois, tu ne sais pas si ça va être renouvelé ou pas quoi». Même si ce n'est pas forcément le cas.* Éducatrice 7 Belharra

Il s'agit plus d'un temps institutionnel, fragmenté, scindé, misant sur un dynamisme éducatif, sur l'immédiateté du changement[124]. Le contrat court est adopté dans l'optique que le jeune évolue rapidement par « à-coups », par mises en situation de la réalité, par chocs, par prises de conscience. Ce temps court est proche du temps social de l'insertion, faisant *«écho à des référentiels temporels très en vogue dans la sphère économique où domine une rationalité de type instrumental»*[125]. Il est utilisé pour insécuriser le jeune et favoriser une prise de conscience de la contrainte d'une

---

[124] BESSIN Marc, « La compression du temps : une déritualisation des parcours de vie ? », *Education Permanente*, n°138, " Les âges de la vie ", 1999-1, pp. 75-85.
[125] LAVAL Christian, « l'extension de la clinique au sein du dispositif RMI » in *Travail social et souffrance psychique*, (sous la direction de Jacques ION), Paris, Dunod, 2005, p.116

autonomie rapide face à l'échéance du contrat. Cette prise de conscience se traduit par des avertissements et s'appuie sur la rapidité des changements devant permettre au jeune de se projeter dans son avenir :

> *Dès lors qu'on commence un contrat jeune majeur, la fin de la prise en charge arrive très très vite. Tout notre travail ça va être de faire prendre conscience aux jeunes que cette échéance elle est inscrite dès le début de la signature du contrat jeune majeur parce que de toute façon à 21 ans, ça se terminera. Ou avant s'ils peuvent entrer dans la vie active avant. Mais enfin il y a cette date butoir et il n'y a rien après. Ça il faut qu'ils le mesurent. Il faut que le jeune accepte de s'insérer rapidement.*
> <u>*Vous parlez donc avec eux du choix de leurs études ?*</u>
> *Absolument, ça va être au cœur des entretiens. Lui faire prendre conscience qu'après il pourra en cours d'emploi continuer, que tout est possible mais il faut qu'il accepte l'idée qu'il va être quand même un cursus qui lui permette une autonomie plus ou moins rapide.* <u>Inspectrice 94</u>

L'utilisation de courtes durées et les renouvellements de plus en plus fréquents tendent à segmenter de plus en plus le temps de cette prise en charge jeune majeure. Diviser le temps, y ajouter des dates butoirs, des échéances multiples, tend à le raccourcir de manière réelle car les possibilités de rupture avant 21 ans sont plus nombreuses.

L'enquête a également montré que ce sont les étudiants qui bénéficient d'une durée de contrat plus longue. Les professionnels peuvent également souscrire à des temps plus longs pour exercer un accompagnement éducatif qu'ils considèrent de qualité. L'évolution du jeune est appréciée dans une progression qui s'effectue par petites touches, presque invisibles :

> *Ce n'est même pas visible. Quand tu avances dans les projets et les objectifs, des fois ce n'est même pas visible. C'est juste un jour, il y a un déclic, et là il y a tout qui se passe, il y a tout qui part, ça monte en flèche. Mais la plupart du temps, tu ne le vois même pas. Tu le sens, tu sens qu'il y a un petit changement.* <u>Educateur 5 Kirra</u>

Une durée plus longue leur permet d'établir des relations de proximité avec le jeune, de s'adapter aux situations individuelles, aux rythmes du jeune et d'améliorer le suivi éducatif. Un éducateur d'une structure raconte l'échec de l'utilisation d'un temps rapide pour un jeune dont il était le référent :

> *Après, il se trouve par exemple que moi je m'y suis un peu mal pris parce que notre relation était pas super bonne. J'étais un peu trop rapide dans cette préparation, et je me suis trop projeté. Et ça a posé des problèmes à Sébastien, et ça l'a complètement bloqué, et ça l'a complètement stressé d'un coup, le départ était un peu plus évident qu'il y a quelque temps, et d'un coup ça a été vachement difficile et ça l'a bloqué il y a plus rien qui avançait.* <u>Educateur 5 Kirra</u>

Ce temps long est qualifié d'éducatif car il mise sur les effets de la continuité d'un parcours. Considérant que les ruptures ont des effets négatifs sur l'évolution d'un jeune, l'idée que la continuité dans un placement est positive est très fortement imprégnée par les professionnels de la Protection de l'Enfance. Par ailleurs, ce temps long leur permet d'agir au bon moment selon la situation individuelle. Ce temps long permet la mise en place d'un travail éducatif reposant sur une vision kairisienne du temps : « *le Kaïros, dimension qui suggère l'opportunité, le moment adéquat ou favorable, l'occasion propice, la période adaptée... Le Kaïros est intimement lié à l'action en train de se faire. Il présente une dimension plus qualitative et pragmatique du temps, qui relève du sens pratique, puisqu'il se construit à partir d'une multiplicité de temporalités : c'est le bon tempo, intervenir ou agir au bon moment* »[126].

Les durées de contrat sont ainsi sources de négociation selon la situation et la logique du temps auxquelles les professionnels se réfèrent. Notamment, ils expliquent négocier la durée d'un C.J.M. lorsqu'ils estiment que le temps imparti n'est pas suffisant pour des situations considérées fragiles.

> *Quand on arrive avec un jeune qui est un peu border-line, qui est en grande difficulté, qui est pas tout à fait pour chez nous, mais comme il est pour nulle part, pourquoi pas pour chez nous. Dans ce challenge-là, on va demander du temps, et ça on va le négocier au préalable.*

---

[126] BESSIN Marc, opus cit., 1999.

Et auprès de qui ?
Auprès de l'inspecteur. Il ne rentre pas comme ça en nous disant «Dans trois mois si ça va pas, on va demander du temps», et on va rabaisser l'exigence en fait.
<u>*L'exigence par rapport...*</u>
Du contrat jeune majeur. Un jeune en errance, en grande difficultés, qui a toujours eu des difficultés à être dans le groupe, à être dans un internat, si on nous dit «Vous avez trois mois pour mettre en place», on dit "non, ça sera pas chez nous". Donc on va négocier du temps, et ça, ça marche. Mais on est encore dans cette position-là. On est dans une espèce de confort qui nous autorise cette position-là. Mais les inspecteurs sont preneurs. C'est comme un jeune sans-papiers. Nous, on va exiger un engagement de l'A.S.E. pour que le jeune puisse aller jusqu'au bout de ses études. C'est un engagement, autrement on ne prend pas. C'est-à-dire que tu ne peux pas demander à une équipe de faire des miracles, sans avoir du temps. Donc on demande du temps, et ça marche... pour l'instant.
<u>*Il y a des refus ?*</u>
Non.
<u>Educatrice 1 Jaws</u>

Le temps est vécu comme une contrainte par les professionnels lorsqu'ils considèrent que les jeunes doivent acquérir un maximum de ressources à l'issue de cette période. Cela influe sur le choix des études (qui seront davantage des études courtes, professionnelles, ne dépassant pas les 21 ans). On observe des pratiques de réorientation scolaire ou de « mise au travail » avant les 21 ans. Confrontés à des situations jugées fragiles ou discréditantes, les professionnels ont tendance à utiliser des contrats courts avec l'objectif que le jeune prenne conscience du temps qu'il lui reste. Les 21 ans constituent une limite majeure pour cette intervention et influent sur les pratiques des professionnels lorsqu'ils n'ont pas la maîtrise de l'avenir du jeune et qu'ils sont dépourvus d'autres solutions. Ainsi, ces différences de conception du rapport au temps tendent à montrer que le temps du C.J.M. profite aux Jeunes majeurs qui possèdent le plus de ressources. Les durées plus longues des contrats sécurisent les parcours et permettent l'établissement de relations plus stables avec les professionnels qui les entourent, ces derniers pouvant alors être plus en capacité de les soutenir dans leurs projets de vie. Les jeunes majeurs qui ont le moins la maîtrise de leur avenir sont d'autant plus fragilisés par les contraintes temporelles. Les renouvellements fréquents, utilisés pour les inciter à s'inscrire dans un parcours d'insertion et à se projeter dans un avenir, ne font alors qu'insécuriser leurs parcours à chaque renouvellement de contrat.

B/ La contrainte contractuelle

Certains jeunes sont jugés inadaptés à la mesure, car ils sont considérés incapables de contractualiser et d'être « acteurs » de leur prise en charge. En cela, le contrat jeune majeur n'est pas adapté à leur situation.

> *Résultat des courses, quand on signe un contrat avec des gens qui présentent effectivement des difficultés de type compréhension, ou de type parfois maladie mentale, sans que ce soit forcément des maladies sévères, c'est super compliqué. On signe pas un contrat de la même manière avec quelqu'un qui est... de toute façon dans la loi, c'est clair, quelqu'un qui est susceptible de pas comprendre ce qu'il signe, il ne signe pas. Il a un tuteur, un curateur... en l'occurrence, là, il y a pas ça, parce que justement, on est dans l'entre-deux où il n'y a pas encore de soutien juridique qui permette à des personnes qui seraient pas en capacité de faire relai, et pourtant, on est typiquement dans des dispositifs où, allez, il faut s'engager. Et c'est des personnes qui sont pas capables de s'engager dans quoi que ce soit, qui ont du mal à se projeter, ou qui peuvent s'engager, mais que très partiellement. Donc après, on peut bidouiller. Mais c'est parfois, c'est très farfelu quoi. On peut bidouiller, ou dans le travail éducatif, relationnel, avec les usagers, ou sur le plan institutionnel.* <u>Educateur A.S.E. 75</u>

Ils valorisent la logique contractuelle et à la fois, ils la jugent inadéquate pour certaines situations où le jeune est considéré comme « inapte » à contractualiser. Nous l'avons dit précédemment, le contrat est utilisé dans le travail social pour rendre leur dignité aux usagers. Le contrat permettrait un travail de co-construction d'un parcours. Il met en exergue la libre adhésion de l'usager. En cela, ce dispositif contractuel doit selon les professionnels servir aux usagers, considérés capables de prendre place dans ce type d'interactions. Pour les travailleurs rencontrés, certains jeunes ne sont pas capables de se situer dans ces échanges et les subissent. Le contrat est désormais l'unique outil qui assure une protection de ces jeunes majeurs. Par conséquent, pour les professionnels, certains jeunes sont exclus de ce système de protection faute de pouvoir se situer dans des échanges contractuels. Est entendue, dès lors, l'idée que le contrat comme unique outil de protection exclut les jeunes les plus fragiles et insère les jeunes les mieux outillés au départ[127]. Ce contrat soulève des tensions car pour certains, son application systématique valorise l'objectif d'insertion au détriment de celui de la protection. On peut se questionner ici sur la réforme de la Protection de l'enfance de 2007 qui ne permet plus la protection civile par la Protection judiciaire de la jeunesse. Comment ce manque de solution risque de favoriser des ruptures et non des orientations ? L'A.P.J.M. est alors considérée comme un meilleur outil d'accompagnement car elle permet de protéger le jeune majeur sans être dans un dispositif relevant d'une logique contractuelle ne correspondant pas à ses attentes.

> *Il peut y avoir un service qui ne va pas avoir les mêmes moyens lourds que l'A.S.E. mais qui va quand même pouvoir être un intervenant et un interlocuteur pour les usagers, qui est mandaté, et qui a un lien avec la justice. Pour certains jeunes, ça peut être précieux (...) Et ça je l'ai tenté aussi, obtenu d'un juge, c'est euh... dire au juge « Nous, on n'a que ça comme outil, vous savez très bien que ce jeune-là est tout à fait incapable de s'engager de la manière dont on a besoin qu'il s'engage pour un contrat, on a besoin qu'il y ait quelque chose en plus, un deuxième... un vrai filet de sécurité qui soit imposé à ce jeune ». Donc en gros une espèce de poursuite d'une assistance éducative, quelque chose d'extérieur qui s'impose au jeune et qui le rassure.* <u>Educateur A.S.E. 75</u>

Etre considéré comme incapable de contractualiser c'est être jugé comme incapable de se projeter dans un avenir proche, et d'avoir des objectifs personnels pour sa propre vie. Alors que la jeunesse est aujourd'hui considérée comme l'âge de l'indétermination[128], la difficulté à se projeter est pointée comme symptôme d'une

---

[127] JUNG Céline, opus cit., 2010.
[128] MAUGER Gérard, « La jeunesse dans les âges de la vie: une définition préalable », *Temporalistes*, n°11, 1989.

pathologie plus profonde par les dispositifs d'assistance. Les acteurs peuvent alors rechercher des éléments du passé en espérant agir sur le présent :

> *Si tu n'arrives pas à t'inscrire correctement à t'inscrire dans une formation, c'est peut-être qu'il y a un problème en toi, qui fait que tu as besoin de faire une psychothérapie pour en arriver là. Donc, d'accord, tu ne vas pas en formation, mais au moins tu entames la psychothérapie.* <u>Educatrice 7 Belharra</u>

Il ne suffit pas que le jeune soit victime d'une situation économique et sociale pour bénéficier de l'assistance de l'Etat, encore faut-il qu'il prouve qu'il s'implique, qu'il se mobilise et se responsabilise, entre autres, qu'il devienne acteur de sa socialisation. Cette dynamique ne peut s'appuyer désormais que sur l'établissement d'un contrat. La contractualisation pose problème pour une situation, les professionnels désirant une poursuite de l'aide s'appuient sur la protection comme objectif premier de cette prise en charge. Ils en viennent à mobiliser l'obligation de soins psychiques comme l'un des objectifs du contrat.

C/ La contrainte économique

La contrainte budgétaire a envahi les discours des professionnels. Différents auteurs ont analysé comment de nouvelles normes telles que l'exigence d'efficacité et de résultat, l'obligation de contrôle et d'évaluation ont envahi le travail social et ont eu pour conséquence une perte des valeurs qui alors unifiaient les professionnels (Jacques Ion, Michel Chauvrière). Sans prétendre faire l'analyse de tous les effets de ces transformations qui affectent plus particulièrement le champ de la protection de l'enfance, il nous semble intéressant de nous pencher sur les conséquences qu'entraîne cette contrainte économique sur les pratiques professionnelles et sur les parcours des jeunes.
Le début de cette enquête s'est inscrit dans un contexte particulier. En effet, la mise en œuvre de la réforme de la protection de l'enfance, modifiant les modes de prise en charge, marquait la fin

des mesures de protection civile des jeunes majeurs ordonnées par les juges pour enfants. Ceci soulevait une question : le risque d'une augmentation des demandes de C.J.M. auprès des départements ne représenterait-il pas une charge financière supplémentaire, même si un mécanisme de compensation par l'Etat des charges résultant de la mise en œuvre de la réforme a été introduit dans la loi par amendement gouvernemental[129] ? Cette question a soulevé un vent de panique chez les professionnels, qui pourtant ne semblait pas être en consonance avec nos observations de terrain. D'un côté, lors de différentes réunions à l'association Jean Cotxet[130]. Les professionnels faisaient état d'une mort annoncée des prises en charge jeune majeur. D'un autre, des expériences nouvelles relatives aux prises en charge des jeunes majeurs étaient impulsées par des départements[131], des réflexions étaient menées par certains départements autour de la nécessité de s'interroger sur les fins de prise en charge[132]. Pour autant, les deux enquêtes précédemment citées sur les jeunes majeurs de l'association Jean Cotxet ont pu montrer qu'il n'y a pas eu de baisse probante des C.J.M. ces deux dernières années.[133] Lors des entretiens, les professionnels

---

[129] Fonds de financement alimenté par deux types de ressources : une participation annuelle de l'Etat dont le montant sera arrêté en loi de finance et une participation de la Caisse nationale des allocations familiales, fixée par la loi de financement de la Sécurité sociale.

[130] Réunions autour des thèmes de l'apprentissage de l'autonomie, du départ des jeunes, des CJM, pour préparer le Carrefour de l'Association, organisé en 2008.

[131] Nous pensons ici à différents départements qui ont mis en place de nouveaux dispositifs : par exemple, le CSAJ (le contrat de soutien à l'autonomie des jeunes) en Loire Atlantique (cf. Rapport ONED, *Entrer dans l'âge adulte*, 2009).

[132] L'enquête effectuée par Jean-Marie Firdion a montré que les jeunes qui ont été placés à l'A.S.E. représentent 23 % des sans-domicile-fixe de l'enquête, *Influence des événements de jeunes et héritage social au sein des populations utilisatrices des services d'aide aux sans-domicile*, Economie et statistique, 2006, pp. 85-114.

[133] Selon les données chiffrées de l'ONED, au 1er janvier 2007, 0,9% soit 21400 jeunes âgés de 18 à 21 ans bénéficiaient d'une mesure de protection. L'augmentation constatée des prises en charge par rapport à l'année précédente ne discerne néanmoins ni les mesures des mineurs de celles des majeurs, ni les mesures judiciaires (art. 375 bis) des

rencontrés ont évoqué des craintes, même si chacun reconnaissait finalement ne pas subir directement d'arrêt de prise en charge dans son service, qu'il s'agisse des éducateurs dans les structures ou à l'A.S.E..

> *La législation change régulièrement donc c'est un petit peu plus difficile pour nous et pour les jeunes de s'adapter, c'est-à-dire, Donc, on tend vers... on est encore un des rares départements à contractualiser pour les JM. Parce que ce n'est pas la politique dans la totalité des départements* <u>Educatrice A.S.E. 94</u>

Le présage de nouvelles contraintes liées à ces changements, qui se traduisent dans les discours par les termes « difficile, compliqué, durcissement », s'est diffusé chez les professionnels, en cascade, des décisionnaires (les départements) aux structures d'accueil.

> *Moi, j'entends dire par des amis à moi qui sont éducatrices que le contrat jeune majeur, c'est difficile. Nous, au niveau du service, je me fais l'écho des éducatrices A.S.E. avec qui je travaille, qui me disent aussi que ça devient difficile, pour les jeunes qui ont 18 ans, pour avoir leur contrat. Nous, les jeunes qui sont placés ici mineurs, je trouve qu'en règle générale (...) Mais c'est vrai que ça s'entend beaucoup en tout cas.* <u>Éducatrice 3 Jaws</u>

La menace d'un avenir incertain des C.J.M. s'est propagée comme une rumeur, dont chacun se fait l'écho, envahissant les pratiques des professionnels et exerçant une pression :

> *Je trouve que les politiques départementales font ressentir des... mais c'est des pressions qu'ils doivent avoir eux-mêmes d'ailleurs ; font ressentir des pressions, des tensions, des choses mais qui sont par vagues, enfin, par mouvements de détermination des politiques sociales.* <u>Éducatrice 1 Jaws</u>

L'idée de la crise qui affecte depuis plusieurs années le système de protection sociale, d'un Etat providence qui n'est plus pourvoyeur

---

administratives. Toutes ces données ne nous renseignent pas sur une éventuelle baisse ou augmentation effective des C.J.M. au regard des demandes effectuées par les services de la P.J.J.. Il nous faudrait pour cela connaître le nombre de refus effectués par les inspecteurs ou bien même observer la pratique des évaluations des premières demandes de C.J.M., notamment pour ceux qui ne sont pas connus des départements.

de fonds indéfinis, est largement intégrée dans les discours et entraîne ainsi des pratiques sélectives des demandeurs. Cette vision est devenue une norme contraignante limitant les pratiques des professionnels, lesquels, en rendant compte en partie de leurs choix, les justifient notamment lors d'une sélection plus rigoureuse des jeunes. L'idée qu'il n'y a plus de place pour tous les demandeurs est largement partagée par les professionnels rencontrés :

> Même si on fait du social, il y a quand même une logique monétaire derrière, et ben, c'est de l'argent. Enfin voilà, ça a un coût tout ça, et on voit qu'après les inspecteurs signent peut-être moins facilement les contrats aussi, parce qu'il y a moins d'argent et que la priorité va aux situations de mineurs. <u>Éducatrice 6 Belharra</u>

Les professionnels de l'A.S.E. expliquent clairement les politiques départementales : au regard des contraintes budgétaires et de la surcharge de travail auprès des mineurs et de leurs familles, les jeunes majeurs ne sont plus prioritaires.

> C'est vrai que ce qu'on appelle nous l'administratif, que ce soit les accueils temporaires, les aides éducatives à domicile et les accueils temporaires jeunes majeurs, c'est peut-être ceux qu'on met un petit peu de côté quand on est trop chargés. Donc des fois il peut y avoir un délai de deux mois avant que le jeune ne soit reçu. C'est peut-être à ce niveau-là qu'on va vous dire «j'ai été refusé». Effectivement on est très chargés des fois et quand on priorise, c'est là-dessus qu'on priorise malheureusement. <u>Inspectrice 1 94</u>

Un jeune qui effectue une première demande après sa majorité est moins soutenu car il est « inconnu » des différents dispositifs, et il n'a affaire qu'à un seul interlocuteur (l'éducateur référent ou une assistante sociale). A l'association Jean Cotxet, en 2009, 5,7% des jeunes majeurs enquêtés ont été pris en charge pour la première fois à leurs 18 ans. Cependant, l'une des stratégies entendues dans les discours de professionnels, concernant la prévention d'un refus est de présenter le jeune dans l'année de ses 17 ans afin qu'il rentre dans les services de la protection de l'enfance, qu'il en soit connu et que la poursuite en C.J.M. ne pose pas de difficultés particulières. En effet, si nous regardons le pourcentage des jeunes placés pour la première fois à 17 ans, il concerne 17,4% des jeunes majeurs interrogés en 2009.

Cette sélection s'appuie sur l'évaluation des manques de soutien familial. Les professionnels interrogent fortement la nécessité d'un C.J.M., en demandant au jeune de rechercher en priorité un soutien auprès de sa famille :

> Avec des jeunes majeurs, bien souvent, il y a une crise dans la famille ; les parents qui disent «T'es majeur, tu prends tes affaires, fous le camp», le jeune se trouve à la rue, s'il dit «Tiens, je vais aller toquer à la porte d'un service social», si nous on fonce là-dedans dans un engrenage qui vient de démarrer, on entérine une situation sociale de fait. Si on se dit « Oui, mais attends, qu'est-ce qu'il se passe» et qu'on essaie de comprendre. Souvent, moi, je renvoie des jeunes majeurs, en leur disant «Ben non, tu vas en parler à ta mère, à ton père, voilà ce que tu peux lui dire, voilà comment... à quel moment nous on peut intervenir, de toute façon, nous, on va évaluer; l'évaluation va durer au moins un mois etc.». Quand quelqu'un sort avec ce type de retour, assez souvent, il ne revient pas. Educateur A.S.E. 75

Le C.J.M. s'adresse désormais beaucoup plus aux jeunes connus par les services de protection de l'enfance dont la situation familiale a déjà été évaluée. Le C.J.M. se présente alors comme une continuité logique d'une prise en charge :

> Par contre s'ils ont été pris en charge mineurs, bon, on est plus souples, ça c'est clair. Parce qu'on connaît une histoire, parce que parfois on a participé à... enfin, on a contribué à cette histoire institutionnelle... Personnellement ou pas, mais même si elle vient d'un autre département, c'est des situations de protection de l'enfance, donc on connaît et je pense que le regard général, que ce soit des travailleurs sociaux, des psychologues qui participent à l'évaluation ou des cadres qui prennent les décisions, on est quand même plus coulants quoi. Educateur A.S.E. 75

Toutefois, cette sélection s'opère également auprès des jeunes déjà pris en charge par les services de l'A.S.E.. Cette protection sociale doit en effet profiter à ceux qui la veulent vraiment et écarter, soit ceux qui n'en n'auraient pas vraiment besoin, soit ceux qui ne manifestent pas leur bonne volonté. Aider ceux qui ne le veulent pas vraiment au regard des autres en attente est considéré comme un gaspillage financier :

> *Ça engendre beaucoup de frais parce que c'est des prix à la journée, et que si ce jeune-là se mobilise pas par rapport à ce que l'inspecteur a pu fixer dans le contrat, ben, il y aura peut-être un autre jeune pour qui ça servira, et qui lui rentrera bien en adéquation avec ce contrat (...). La prise en charge ça coûte cher, donc si ça ne sert pas à un jeune c'est normal que ça s'arrête pour aider un autre.* <u>Educateur5 Kirra</u>

Face à cette contrainte économique, le C.J.M. est alors présenté comme une chance que les jeunes doivent saisir. Les discours tendent à considérer les jeunes majeurs comme « des privilégiés » par rapport à d'autres jeunes étudiants qui ont très peu de ressources financières :

> <u>Inspectrice A.S.E. qui s'adresse à une jeune majeure lors de la signature de son C.J.M.</u> : « Il va falloir redescendre, je le dis à tous les JM, « redescendez de votre cocotier ». Parce quand vous avez une prise en charge à l'A.S.E. ce n'est pas pour rien et je ne reviens même pas sur cette prise en charge. Mais il faut vous habituer à avoir des revenus que certaines personnes n'ont pas du tout. Toi tu te permets de manger à l'extérieur tous les midis, il y a des personnes qui travaillent et qui ne peuvent absolument pas se le permettre ! ».

Nous avons remarqué que les inspecteurs préfèrent arrêter un C.J.M. à la fin d'un cycle et ne pas débuter en un autre qui déborde des 21 ans en prenant en compte la contrainte économique et dans la crainte de fragiliser la situation du jeune lors de son départ.

Le principe de la « rentabilité » est prégnant dans les discours et démontre combien l'activation des dépenses est intégrée chez les professionnels. Elle ne peut être rentable que si elle permet à un jeune de s'insérer dans la société et de devenir à son tour un contribuable. D'où une logique de sélection plus ciblée sur les jeunes qui remplissent directement les conditions du C.J.M. (avoir un projet obligatoirement par exemple) :

> *Le premier critère, c'est le fait que le jeune nous présente un projet qui nous paraît intéressant, c'est-à-dire, pour être clair, digne d'investissement. On mise... c'est comme une mise aux jeux, c'est une mise financière. Donc on va dire « ok, ce jeune-là, ça vaut le coup de l'accompagner un certain temps, parce qu'a priori, il va*

pouvoir réussir ce qu'il entreprend, et du coup, éventuellement un jour, payer des impôts et participer au système de protection sociale, y compris à d'autres jeunes qui auraient besoin du même dispositif.» Ca c'est l'esprit. (...) c'est ce qu'on se dit, le département se dit «On ne mise que sur des chevaux, je parle comme ça, c'est un peu vulgaire, mais c'est ça, on ne mise que sur des chevaux qui ont une chance de gagner» (...) C'est-à-dire qu'on va renvoyer des jeunes, y compris parfois qui peuvent être dans une situation sociale difficile, au dispositif adulte, parce que leur projet, au regard de la faisabilité, est pas... nous paraît pas suffisamment solide. <u>Educateur A.S.E. 75</u>

La contrainte budgétaire a largement imprégné les discours des professionnels qui justifient certaines pratiques de sélection plus accrue des demandeurs par cette logique de restrictions budgétaires. Certains tentent de trouver des alternatives pour poursuivre des prises en charge sans générer de coûts supplémentaires. Par exemple, un nouveau système de redistribution monétaire a été mis en place dans un département : lorsque le jeune majeur perçoit un salaire, il lui est demandé de rembourser à l'A.S.E. une partie de l'allocation que le département a versée, nouvelle pratique conçue pour « mettre le jeune dans un principe de réalité », mais aussi pour restreindre les coûts de la prise en charge. Cette nouvelle pratique instaurant de nouveaux droits et devoirs a été peu à peu légitimée par les professionnels au regard de cette contrainte économique :

Moi, au début, j'étais outrée, mais vraiment. Vraiment, je trouvais que c'était complètement...(...) je trouvais ça assez injuste. Et on en a énormément discuté au sein du service, et finalement, j'ai un peu revu ma copie, en disant qu'effectivement, c'était pas aussi injuste que ça et que ça demandait pas une si grande rébellion que ça, parce que je me suis aperçue aussi qu'au final, pour les jeunes, c'était pas forcément non plus de tout mettre en économie, et ça devenait presque normal aussi d'avoir 1000 et quelques. Et du coup, quand tu leur parles de la sortie, avec un appart qu'il faut payer et tout ça, et quand tu fais un peu les comptes sur une projection éventuelle d'un salaire qu'ils pourraient avoir, tu vois ce qu'il reste à la fin, ben du coup, ils comprennent plus. Donc finalement, je ne trouve pas ça aussi fou que ça a pu me paraître. <u>Educatrice 2 Jaws</u>

Lorsque le jeune est jugé suffisamment autonome, il peut lui être proposé de déménager en mode d'hébergement qui permet de réduire le coût de la prise en charge (réduction du nombre de travailleurs sociaux et du prix de journée). Ces orientations peuvent également engendrer une rupture des aides financières, le jeune étant considéré comme suffisamment autonome pour assumer entièrement ses charges quotidiennes. Le C.J.M. se limite alors à un suivi éducatif exercé par le service social de l'A.S.E.. Ces nouvelles pratiques qui permettent de poursuivre la prise en charge à moindre coût s'adressent à des situations qui sont jugées « idéales » mais pour lesquelles les professionnels souhaitent accompagner le jeune jusqu'à ses 21 ans. La prise en compte des contraintes entraînent des pratiques particulières des professionnels.

<u>Tableau récapitulatif des conséquences
de la prise en compte des contraintes</u>

contraintes mobilisées	Temporelle	contractuelle	Economique
conséquences sur les pratiques	contraindre le jeune à un parcours scolaire plus court	arrêt de prise en charge ou réorientation institutionnelle	Sélection plus accrue des jeunes arrivant majeurs déménagements en FJT Faire participer financièrement le JM

Cependant, ces contraintes sont davantage mobilisées pour des situations qui « posent problème », pour celles qui ne sont pas évaluées « idéales ». Il y a, en effet, des situations qui ouvrent plus de débats que d'autres. Nous en avons choisi trois qui viennent bouger les frontières du cadre légal et interrogent ainsi les professionnels sur cette mesure.

IV/ Espaces de négociation

A/ Les comportements jugés déviants

Parmi les actes considérés déviants dans le cadre du C.J.M., nous avons repéré le travail non déclaré, les actes de violence au sein de l'établissement d'accueil, le recel, les mauvaises fréquentations, l'usage de drogue. Pour étayer nos propos, nous avons choisi l'usage de drogue, mais nous avons retrouvé les mêmes mécanismes s'agissant d'actes de délinquance ou de passages à l'acte physique. La consommation de drogues est à la fois formellement interdite dans les différents établissements et à la fois plus ou moins tolérée, les professionnels parlant de leur stratégie du « pas vu, pas pris ». Elle n'en reste pas moins une question largement débattue dans les établissements, notamment celle concernant le cannabis. Nous ne nous intéressons pas au contexte institutionnel ni la façon dont les équipes gèrent cette question dans l'institution et le groupe, mais à la logique des acteurs face à un jeune qui consomme et pour qui la poursuite du C.J.M. est en jeu. L'usage voire le trafic de drogue n'est pas le facteur principal d'une rupture de contrat. Des éléments interviennent déresponsabilisant ou non le jeune. Notamment, la demande d'aide du jeune est primordiale, comme l'exprime cette inspectrice :

> *Il y a une jeune que j'ai vue tous les deux mois, de ses 18 ans à ses 21 ans, elle était un peu addict à la cam et tout ça, mais elle avait envie qu'on l'aide. Donc elle a accepté la main tendue. Elle était au fond du trou quoi.* <u>Inspectrice 1 94</u>

Accepter la main tendue, venir aux rendez-vous, se montrer mobilisé, s'accrocher peut ainsi enclencher la volonté du professionnel à soutenir le Jeune majeur.

> *À un moment donné. Elle, elle était particulièrement cassée mais elle a tenu contre vents et marées, elle a eu des gens qui ont cru en elle, et elle s'est accrochée. Je ne pense pas que ce soit une fille qui soit complètement bien dans ses baskets, encore maintenant. Pendant 3 ans elle a accepté de se retrouver tous les deux mois dans ce bureau.* <u>Inspectrice 1 94</u>

L'histoire du jeune est également mobilisée pour expliquer la situation présente, le déresponsabilisant. Le professionnel se réfère plus à un registre émotionnel qu'institutionnel pour soutenir le jeune justifiant l'infraction à la loi :
> On a une de nos jeunes qui avait de grosses addictions aux extasys, à la cocaïne, etc. mais très très forte. Et qui a réussi à arrêter ça. Mais c'est de par son histoire, parce que ses parents sont de très gros toxicos à l'héro seringue, donc tu vois, l'histoire se retrace, et le seul truc qui fait tenir l'arrêt de cette addiction, c'était le shit. On a dit « Bon, on ferme les yeux quoi », avec l'espérance qu'un jour elle-même elle ouvre les yeux, en se disant « Bon, j'ai réussi à arrêter les drogues dures, c'est le moment d'arrêter le shit »t. <u>Educateur 5, Kirra</u>

Par ailleurs, une consommation jugée trop dépendante peut aussi déresponsabiliser le jeune, le professionnel s'orientant vers la recherche d'une autre forme de protection :
> Non, enfin, ça dépend ce que c'est. Si on a quelqu'un qui arrive bourré tous les matins, ou avec les yeux explosés à chaque rendez-vous, effectivement... Mais ça, ça donne lieu à des ruptures de contrat, à éventuellement des... enfin... là, ça peut donner lieu à des trucs un peu hard. A des demandes d'hospitalisation, à des trucs... on emmène les jeunes à Sainte-Anne, allez zou, un diagnostic, ou ailleurs, dans des centres d'addictologie. <u>Educateur A.S.E. 75</u>

Ces éléments sont pris en compte si les professionnels évaluent le jeune suffisamment en demande :
> On essaye de comprendre où est le problème. Ca peut être de 1 à 3 mois de battement pour essayer de comprendre, mais si après on comprend qu'il veut tout sans rien donner... C'est là que je disais donnant-donnant. Dans ce cas-là, comme la jeune fille, on arrête. <u>Éducatrice A.S.E. 91</u>

En l'absence de relation, ils peuvent émettre des jugements dépréciatifs sur l'attitude du jeune. Ce dernier est alors qualifié de menteur (il cacherait sa consommation), de manipulateur (il utiliserait des simulacres pour obtenir ce qu'il veut). Il est alors considéré responsable de sa situation, les professionnels cessent de le soutenir, la rupture devient alors légitime :

> *Parce qu'il n'était pas vraiment demandeur. Lui, il voulait un toit, nous notre vocation ce n'est pas forcement de donner un toit. C'est vrai que lui, ça fait 16 ans qu'il est placé, on ne peut pas le lâcher comme ça, c'est quand même une grosse histoire, la prise en charge à l'Aide sociale à l'enfance. Donc, il faut lui donner les moyens de l'aider même après sa majorité, donc, il y avait eu un contrat signé pour six mois. Une obligation qu'il poursuive sa scolarité, à ce qu'il se mette sur les rails d'une autonomie, à la recherche d'un logement, des reprises de liens avec sa famille etc. et le jeune avait des conduites addictives voire délinquantes, donc ça s'est arrêté.* Educatrice A.S.E. 75

La relation entre le jeune et le professionnel est alors un critère majeur parce qu'elle permet au jeune de parler de lui, de se raconter, de se confier, et au professionnel de prévoir, d'agir et de se saisir de son histoire pour le soutenir. Ce soutien peut se traduire par une « obligation de soin » et une durée courte de contrat, si la consommation est jugée excessive. Ce temps court est utilisé pour évaluer le jeune plus régulièrement à propos de sa consommation. Ce n'est donc pas l'acte qui est jugé mais le comportement du jeune vis-à-vis de cet acte et son attitude à se saisir des moyens et du soutien proposés par les travailleurs sociaux. L'absence de relation est vécue par les professionnels comme un échec.

B/ L'inactivité du jeune

Les jeunes majeurs ne s'inscrivent pas tous dans un projet professionnel ou scolaire. Certains n'ont pas « d'activité particulière », c'est-à-dire qu'ils sont « sans emploi, ni formation »[134]. A l'association Jean Cotxet, en 2008, 19,4% des jeunes majeurs enquêtés n'ont pas d'activité particulière. En 2009, ils ne sont que 6,8% à être dans cette situation. L'inactivité se traduit dans les discours par une période où le jeune n'est plus inscrit dans un processus scolaire ou professionnel ou de formation. L'inactivité fait basculer le jeune dans deux types de situation : la « fragile » ou la « discréditante ». L'inactivité peut

---

[134] Terme utilisé et précisé en tant que tel dans les questionnaires jeunes majeurs.

engendrer une continuité de la mesure, une exclusion, une réorientation. Selon les situations, pour les professionnels, elle est source d'inquiétude ou de réflexions permettant de réinterroger le projet du jeune majeur. Ce n'est qu'à un certain moment que cette inactivité ébranle les frontières du C.J.M., lorsqu'elle s'étire dans le temps ou lorsque les moments d'inactivité se multiplient.

Dans les lettres, nous avions remarqué que la conjoncture économique est peu mobilisée par les jeunes pour expliquer leur chômage ou leur inactivité, ils vont davantage mobiliser leur histoire passée. Pour les professionnels, il en est de même. Plus le temps passe, et plus ils interrogent la capacité du jeune à s'inscrire dans un projet. L'inactivité fait émerger de fortes tensions entre eux. Ils doivent négocier afin de trouver une évaluation commune de la situation. Tout comme dans la situation sur les actes déviants, le comportement du jeune majeur est décisif pour la poursuite de sa mesure. Sa capacité à solliciter le professionnel, à être en lien est essentielle. Il faut aussi qu'il se mobilise dans des recherches d'emploi, qu'il montre de la bonne volonté à s'insérer professionnellement. Et enfin, la capacité du jeune à se raconter est primordiale dans ce type de situation, prouvant qu'il effectue un travail réflexif sur son parcours, démarche valorisée par les professionnels. Il finit par être considéré comme une personne vulnérable à protéger, il est déresponsabilisé. Par ailleurs, ils insistent sur son isolement.

Les professionnels tendent à mettre en avant le besoin d'un suivi psychologique, de médicaments, au regard d'une histoire difficile, de ruptures, de troubles du comportement. Ce sont autant d'arguments mis en valeur pour soutenir une poursuite de prise en charge. Un éducateur d'une structure accueillante relate les propos émis par un éducateur de l'A.S.E. à propos du renouvellement d'un C.J.M. pour une jeune âgée de 20 ans, sans activité depuis plusieurs mois :

> *On a eu des partenaires qui étaient compréhensifs avec qui on a négocié des choses, moi je prends l'exemple de Mr X..., il a dit « Ecoutez-moi, cette gamine qui vient de perdre sa mère, qui est seule ici, dont le frère ne peut pas s'occuper, on sait qu'elle est à un certain âge », il nous disait ; on était en accord avec lui « Si » ; mais c'est lorsqu'on lui donnait un avis médical ; même de la part de la psy, ou bien quelque chose disant qu'il y a un problème*

pathologique ou quelque chose comme ça, il est prêt à négocier la prolongation de sa prise en charge. Mais s'il y a rien au bout sachant que la gamine elle n'a personne, d'une part et que d'autre part, elle n'a pas pu s'insérer socialement. Educateur 8 Belharra

Les professionnels confrontés à la crainte d'une fin de prise en charge, ne trouvant ni de réponse dans les ressources de la personne, ni de réponse institutionnelle, sont amenés à considérer cette inactivité au regard du passé du jeune étant alors pointée comme un problème pathologique. C'est donc dans la personne elle-même que sont recherchées les ressources, expliquant en partie le recours aux psychologues. Ce suivi peut être l'objet d'une obligation inscrite dans le C.J.M.. Ces C.J.M. se renouvellent parce que les professionnels estiment que c'est avant tout la protection du jeune qui est visée et non son insertion. La logique de protection devient la seule mobilisée pour soutenir le jeune. Cependant, pour tous les professionnels, mettre en avant cette unique logique est du « bricolage », une déviance par rapport au cadre qu'est le contrat. Certains disent même que c'est une démarche « illégale ». Cependant, ils s'accordent à dire que le C.J.M. n'est pas adapté à ces situations qui réclament pour eux plus de temps, moins de contractualisation (les jeunes sont décrits comme incapables de contractualiser). Cette poursuite de prise en charge peut être établie en attendant que le jeune emprunte d'autres circuits plus thérapeutiques et notamment l'orientation vers un statut protégé reconnu par la M.D.P.H. qui ne peut se faire qu'à partir de ses 20 ans. Ils doivent surtout attendre que les différents professionnels soient en accord pour cette orientation. Ce commun accord fait suite à de nombreux échanges et débats entre les différents professionnels :

> *Et vous vous tournez vers une Cotorep, ou...*
> *C'est notre projet ça, la directrice et toute l'équipe éducative sont pour. Même le docteur est pour, la psychologue aussi est pour, il y a que la psychiatre qui est pas trop chaude, mais peut-être qu'avec le temps, elle se mettra avec nous.* Educateur 8 Belharra

Il faut un temps pour négocier entre collègues mais aussi avec le jeune qui se voit proposer ce type d'orientation, la crainte de fin de prise en charge pouvant influencer sa décision :

Je vois ce jeune en question, il a fini par comprendre qu'il se mettait en difficulté sur le plan professionnel. Ce qu'il ne voulait pas dire c'est qu'il ne pouvait pas habiter tout seul dans un appartement. Sur le plan du boulot, il fallait qu'il soit dans un circuit adapté. Donc lui je crois que ça a été deux mois avant qu'il a fini par accepter alors qu'on travaillait avec lui depuis qu'il avait 18 ans là-dessus. Inspectrice 1 94

Les professionnels proposent cette orientation pour protéger le jeune à l'issue de ses 21 ans. Ce dispositif lui permettra en effet de toucher une allocation, d'avoir un logement en résidence thérapeutique, d'accéder à des emplois protégés :

Parce que qu'est-ce que ça apporte une Cotorep ?
Une Cotorep, ça permet à la gamine d'avoir un emploi protégé, et puis d'avoir les avantages que la société réserve à ces personnes-là. Educateur 8 Belharra

Ils expriment la mauvaise adaptation du C.J.M. tel qu'il est établi aujourd'hui. Cependant, lorsque leur handicap est observé lors de la prise en charge jeune majeure, il s'appuie sur des critères d'handicap « mental » :

Parfois, on le fait, mais du coup on le fait, quand je vous parlais de santé ou santé mentale, on fait surtout pour les questions de santé mentale, on le fait parfois. En disant, ces personnes-là, il faut pas les lâcher à 18 ans, il faut poursuivre, le temps qu'il faut, pour laisser le temps à des relais institutionnels toujours, mais qui dépendent pas de la protection de l'enfance, qui sont autres, qui dépendent de la sécurité sociale, du handicap. Voilà, ce genre de dispositifs, ou même je ne sais pas, de la psychiatrie. Mais qu'il y ait des relais qui se fassent de ce côté-là. On se dit « Allez, on fait un contrat jeune majeur, comme ça au moins il y a un temps où cette personne-là, elle ne va pas se retrouver à la rue. Educateur A.S.E. 75.

Les professionnels considèrent l'inactivité comme illégitime lorsqu'ils ne peuvent pas puiser dans les registres émotionnels de la relation, et de l'histoire passée. Par ailleurs, des termes se référant à un handicap ne sont pas non plus mobilisés. Lorsque l'inactivité est jugée illégitime, le jeune est considéré comme responsable de sa situation. Les professionnels craignent de fabriquer ce qu'ils nomment péjorativement un « assisté social ». Lorsqu'il n'est ni dans l'insertion, ni en relation, il est qualifié de « preneur de rien » et se retrouve dans une situation « discréditante ». Ces deux situations peuvent provoquer des arrêts brutaux de C.J.M.. Les professionnels justifient ces fins de prise en charge par l'idée souvent partagée d'inscrire le jeune dans un « principe de réalité ». L'arrêt de la prise en charge dans ces types de situation aurait pour objectif de revaloriser cette aide auprès de ces jeunes, ceux-ci pouvant solliciter de nouveau un contrat à condition que leur situation ait évolué. Ces pratiques abordent les évaluations faites de « l'inactivité légitime » et de celle qui est « illégitime ». La première donnant lieu à une protection de l'Etat contrairement à la seconde : *« Les territoires de l'inactivité illégitime qui n'ouvrent pas de droit aux prestations sociales et sont exclus de la zone de protection sociale »*[135].

C/ Les grossesses

Dans certains foyers, les grossesses dites précoces divisent fortement les professionnels. Certains travailleurs sociaux nous ont fait part de leur crainte de « contamination » des grossesses dans un groupe. Ainsi, pour limiter cet effet, la structure demande à la jeune de partir lorsqu'elle choisit de garder l'enfant. D'autres structures proposent à la jeune femme de rester jusqu'à la naissance de l'enfant. La négociation d'une poursuite de contrat porte sur l'indépendance économique et psychique de la mère et la présence du père. Ce sont généralement des situations jugées « fragiles » par les professionnels, d'autant plus si la jeune majeure est sans emploi. Les contraintes temporelles et économiques peuvent être activées dans ce type de négociations. Ils évaluent la capacité de la mère à subvenir aux besoins matériels de son enfant (source de revenu, aide financière du père, etc.). Ils vont moins s'inquiéter pour une future mère considérée en insertion et/ou entourée de proches :

---

[135] BONVIN J.M., MOACHON E., « L'activation et son potentiel de subversion de l'Etat social », *L'Etat social actif, vers un changement de paradigme* (2005): 63–92.

> *Les meilleures situations possibles, c'est quand on est avec des mamans qui sont déjà relativement loin dans l'insertion. Qui ont juste besoin d'un petit coup de main, et du coup, il y aura rien du tout pour leur enfant. On continue à les accompagner elles en tant que personnes, pas leur enfant. On dit démerdez-vous. Ça c'est l'idéal, mais ça ne se passe pas toujours comme ça.* <u>Educateur A.S.E. 75</u>

Ils la questionnent sur la manière dont elle perçoit le rôle de mère, et comment elle se projette dans ce rôle :

> <u>*Comment vous évaluez ?*</u>
> *Je ne sais pas c'est une façon d'être avec l'enfant, d'en parler ou des jeunes qu'on a vus et qu'on se dit qu'elle va bien s'investir et puis d'autres où on se dit qu'elle ne peut déjà pas s'occuper d'elle, elle ne pourra pas s'occuper d'un enfant.* <u>Inspectrice 1 94</u>

Ces situations sont décrites « à risques » lorsque les futures mères sont souvent décrites comme instables psychologiquement. La grossesse est évaluée par les professionnels comme palliant des manques affectifs :

> *Les deux jeunes dont je parle, quand on a appris qu'elles étaient en centre on s'est dit que c'était une catastrophe. Alors bien sûr c'est entre nous, et c'est un jargon mais ça se révèle vraiment. Elles ne peuvent même pas s'occuper d'elles du tout, elles n'ont aucune image positive d'elles, comment elles peuvent s'occuper d'un gamin ? Ce n'est pas possible, c'est simplement ça.* <u>Inspectrice 1 94</u>

Ces images dépréciatives se nourrissent du présupposé de « la reproduction » d'actes maltraitants de la part de ces jeunes. Se jouent alors les représentations de l'enfance en danger, surtout si la situation de la mère est considérée « fragile » : lorsqu'elle n'a pas de ressources extérieures à l'A.S.E., qu'elle est considérée comme dépendante des aides sociales, qu'elle est isolée, que le père est absent mais également lorsque ses propos sont jugés inadaptés à son futur statut de mère :

> *Il faut être là 24h/24 avec un gamin. Il y en a une qui disait qu'elle ne savait pas que ça sentait aussi mauvais un bébé. Rien que ces paroles-là, vous avez compris. Elle a cru que ça allait*

> *tout régler et ça a amplifié au lieu de tout régler. C'est ça, simplement.* Inspectrice 2 94

Ces considérations puisent leur légitimité dans les représentations sociales de la mère dans notre société. Celle-ci doit avant tout répondre aux besoins de soins. L'accent est mis de façon systématique sur l'hygiène, l'alimentation, et les soins corporels, se limitant alors à un rôle domestique[136] et à une division sexuée traditionnelle des rôles parentaux. Le père a davantage la responsabilité de l'éducation sociale de l'enfant.[137] Ces carences de soins, de stimulation et les carences affectives sont considérées comme très dangereuses pour les nourrissons[138]. La mère suffisamment bonne est la mère dévouée, préoccupée, et capable de rentrer en interaction avec son nourrisson et de s'adapter à ses besoins[139].

En devenant mère, ces jeunes femmes ne sont plus considérées par les professionnels comme des jeunes majeures à protéger. Elles basculent alors très rapidement dans un statut d'adulte responsable, elles passent brutalement cette transition vers l'âge adulte. Les mères adolescentes inversent le calendrier biographique classique du passage à la vie adulte (fin d'études, emploi, résidence autonome, couple, premier enfant). Nous observons que la focale se déplace lors de la grossesse. Posée jusqu'ici sur la Jeune majeure, elle glisse sur l'enfant à naître considéré comme futur enfant à protéger :

> *Ben ouais, contrôle des familles, ça fait quand même partie du mandat... donc ça fait... ouais, c'est aussi un aspect... donc c'est pour ça, je dirais, sur les jeunes mamans, c'est l'enfant qui est là, qui est à naître qui va être... qui va remuer beaucoup d'affect ici, énormément, c'est du délire parfois... et qui en même temps va vraiment être l'objet principal d'une prise en charge et que du coup ben la mère euh... Enfin, dans tous les cas, c'est très*

---

136 CARDI Coline (janvier février 2007), « La mauvaise mère, figure féminine du danger », in *Mouvements*, n°49.
137 Ibid.
138 SERRE Delphine, *Les coulisses de l'Etat social, Enquête sur les signalements d'enfant en danger*, Raisons d'agir, cours et travaux, Paris, 2009, 321p.
139 CARDI Coline, opus cit, 2007.

compliqué, parce qu'on a une personne prise en charge qui va accoucher d'un bébé qui va être éventuellement pris en charge lui-même ou pas... Educateur A.S.E. 75

La protection de l'enfant peut s'effectuer en cas de maltraitance avérée de la jeune mère sur son enfant, mais aussi à but préventif. Lorsque les professionnels jugent négativement le comportement général de la jeune (elle ne respecte pas les règles de son lieu d'accueil, se drogue, est en dépression, a des comportements impulsifs), ou parce qu'elle est considérée en difficultés d'insertion, une protection de l'enfant peut être établie (O.P.P.).

Et même dans le cas où la mère n'a pas fait d'acte maltraitant, ou quoi que ce soit...

Si, il y a forcément des motifs, mais la plupart du temps, c'est conjugué avec d'autres trucs, c'est-à-dire qu'on va avoir des motifs qui correspondent effectivement aux critères de l'article 375 du code civil, et en même temps, donc de la mère sur son enfant ; et en même temps, des motifs qui correspondent plus aux critères, je dirais, de... pas forcément du contrat Jeune majeur lui-même, mais de tout son environnement, c'est-à-dire, est-ce que le comportement de cette personne est adapté dans le lieu d'accueil ou pas.

Et donc là, il ne serait pas adapté, c'est ça ?

Et donc si le comportement est très inadapté dans le lieu d'accueil, on va supposer qu'il peut y avoir des risques pour l'enfant et du coup na, na, na... c'est du contrôle social, et c'est assumé ça aussi, on fait du contrôle social, c'est la même chose. Educateur A.S.E. 75

Il n'y a de toute évidence pas les mêmes tensions et les mêmes préoccupations concernant la situation d'un jeune garçon qui attend un enfant. Les travailleurs sociaux expliquent que ce sont des situations qui leur échappent, parce qu'ils ne sont pas avertis par le jeune ni par d'autres professionnels. Le contrôle est principalement effectué sur les futures mères. Certains expliquent clairement qu'ils connaissent davantage les thématiques du lien mère-enfant que celui avec le père.

Et les jeunes pères ?

On le sait moins. (...) C'est vrai qu'on n'en a pas beaucoup. Beaucoup moins. On en a eu un de 14 ans récemment. Mais c'est

> *pareil, incapacité... il s'en occupe pas beaucoup, pas du tout même pratiquement.*
> <u>Est-ce que c'est quelque chose que vous travaillez avec lui ?</u>
> *Dans un premier temps on n'avait pas de prise en charge, il était en IME et en fait c'est la jeune fille qu'on a prise en charge et qui a été en centre maternel très longtemps avec le bébé puisqu'elle était mineure, elle aussi, mais plus vieille. L'enfant a maintenant 4 ans je pense. Elle a un logement, elle a fait son insertion et le père, qui est plus jeune qu'elle 17-18 ans, voit l'enfant de temps en temps. C'est tout ce qu'on a comme écho. Travailler ça avec lui ça aurait pas vraiment pu se faire. On n'a pas vraiment de liens...*
> <u>Mais c'est beaucoup plus le lien maternel qui est travaillé de toute manière ?</u>
> *Oui. Dans nos services, globalement, on a plus l'habitude...* Inspectrice 1 94

Les professionnels expliquent que le C.J.M. s'arrête rarement pour ces situations car il a pour fonction, d'une part, de protéger et de soutenir une jeune en difficulté et, d'autre part, de protéger l'enfant à naitre qui est considéré potentiellement en risque. La protection devient le principal objectif de cette prise en charge au détriment de celui de l'insertion. Cependant, lorsqu'il y a un signalement, le C.J.M. peut s'arrêter :

> *Avec l'idée qu'on n'arrête pas, et surtout par rapport à l'enfant à naître. C'est-à-dire qu'on peut même parfois continuer des prises en charge, ça j'ai vu par contre, des prises en charge qui continuent jusqu'à l'accouchement, qui continuent un peu au-delà, et puis qui à un moment donné s'arrêtent pour la mère avec en même temps, signalement au parquet pour un mineur en danger pour l'enfant. C'est-à-dire que l'administration peut parfaitement considérer qu'une jeune femme, une jeune mère qui vient juste d'avoir un enfant alors qu'elle était sous contrat, on poursuit pour essayer d'accompagner les deux, et qu'à un moment donné si cette jeune mère déconne par rapport à son contrat ou autre, ou que son contrat s'arrête, on garde le bébé, et on fait un signalement.* <u>Educateur A.S.E. 75</u>

V/ Entre évaluation individuelle et prise en compte des contraintes, les types de contrat proposés

Au regard de l'analyse des discours des enquêtés, nous avons distingué quatre types de C.J.M. :
- Le *C.J.M. d'usage scolaire* : sa durée s'inscrit sur une année scolaire (de septembre à juin, soit 10 mois environ). Ce contrat concerne des situations « idéales » ou « agaçantes ». La contrainte économique peut être mobilisée, les professionnels proposant des orientations en FJT ou une participation financière.
- Le *C.J.M. participatif* ou *d'étayage* : ce contrat concerne également des situations « idéales » ou « agaçantes ». La contrainte économique peut être également activée à laquelle peut se rajouter la contrainte temporelle notamment pour les situations « agaçantes ». Cela induit de la part des adultes des demandes de réorientations, d'arrêt de scolarité, d'obligation de trouver un emploi.
- Le *C.J.M. d'attente* : il concerne des situations « fragiles » ou « discréditantes », où le jeune n'est pas considéré en insertion, et plus ou moins en relation avec les intervenants sociaux. Les trois contraintes sont alors mobilisées et remettent en cause cette prise en charge. Les contraintes économique, contractuelle (les jeunes ne sont pas capables d'entrer dans ce type d'échanges), et temporelle (ils ne seront jamais insérés d'ici leurs 21 ans) ont beaucoup d'influence sur la poursuite du C.J.M.. Soit celui-ci est arrêté car il est décidé conjointement par les professionnels que cette situation ne relève pas de l'aide jeune majeure mais de dispositifs plus spécialisés ou de ne plus délivrer aucune

aide pour mettre le jeune dans un principe de réalité. Soit les professionnels proposent de le poursuivre dans l'attente d'une réorientation (foyer maternel, orientation vers la MDPH par ex.), ou dans l'attente d'une évolution jugée positive du jeune (qu'il trouve un emploi par ex.). L'objectif de protection est fortement activé au détriment de celui de l'insertion. Les registres mobilisés sont de l'ordre de la relation, du sensible, de l'émotion (l'histoire passée du jeune par ex.). Ce sont des situations fortement soutenues.

- *Le C.J.M. d'avertissement* : il concerne des situations « discréditantes » pour lesquelles les trois contraintes sont mobilisées tout comme le *C.J.M. d'attente* : économique, temporelle, et contractuelle. Les professionnels s'accordent à établir ce contrat sur une durée courte afin de faire réagir le jeune, et qu'il se responsabilise vis-à-vis de sa situation. Ce sont les situations les moins soutenues

Les situations	Les registres soutenants	Les contraintes prises en compte	Outils mobilisés	Types de C.J.M.
AGACANTE	insertion	Economique	Diminuer budget Durée longue du C.J.M.	C.J.M. participatif et/ou d'étayage
FRAGILE	relation	Economique Contractuelle Temporelle	diminuer budget suivi psychologique Réorientation	C.J.M. d'attente
DISCREDITANTE	Aucun	Economique Contractuelle Temporelle	diminuer budget suivi psychologique durée courte du C.J.M. Réorientation	C.J.M. d'avertissement
IDEALE	insertion+relation	Aucune ou Economique	Diminuer budget	C.J.M. d'usage scolaire ou C.J.M. participatif et/ou d'étayage

Alors que la socialisation se ferait aujourd'hui plus à tâtons, par expériences accumulées, les jeunes de l'A.S.E. doivent devenir des citoyens responsables plus rapidement que les autres, en adoptant des statuts plus ou moins assignés. Ils doivent effectivement, durant le temps de cet accompagnement, redéfinir leur identité, leurs relations, les ressources dont ils disposent[140], ils doivent faire valoir des capacités de subjectivation[141]. Cette prise en charge avec tout ce qu'elle peut impliquer sur la construction des identités des individus qui en bénéficient, est partagée entre la mission d'affilier ces jeunes à des statuts et des rôles déjà structurés par des catégories d'identification stables leur permettant de construire une « identité pour autrui », et celle de permettre à ces jeunes d'acquérir une identité réflexive et narrative, propre de « l'identité pour soi [142] », dimension identitaire de plus en plus prédominante dans nos sociétés actuelles, devenant enjeu social. Ce double travail a tendance à provoquer des zones de contradictions pour les professionnels, ces derniers optant pour une dimension plutôt qu'une autre. Les professionnels de leur côté, et les jeunes du leur, au fil de leurs interactions, établissent un « ordre ensemble »[143] (ce qui doit être fait, ce qui doit être parlé, ce qui doit avancer) ; cette démarche émanant de plus en plus d'une volonté de coconstruction de projet entre le professionnel et l'usager (le travail social devenant « un travail avec autrui »)[144]. Le jeune doit s'identifier à cet ordre ensemble négocié en commun pour la poursuite d'une prise en charge. Dans la dernière partie, nous proposons alors de mettre en lumière le ressenti des jeunes face à ces négociations, face à cet ordre ensemble, face aux interactions qu'ils ont avec les professionnels, interactions ayant pour objectif de prévoir, planifier leur avenir.

---

[140] GIULIANI Frédérique, « la procédure de l'entretien individualisé dans le travail d'accompagnement : quand usagers et intervenants sociaux ont à organiser l'expérience de situations sans qualité », in *La société biographique : une injonction à vivre dignement* (sous la direction de DUVOUX Nicolas et ASTIER Isabelle), L'Harmattan, Paris, Logiques sociales, 2006, 212p
[141] SOULET Marc Henri, opus cit, 2005.
[142] DUBAR Claude, *La crise des identités,* PUF, 2007 (3 ème édition).
[143] Notion reprise de GUILIANI Frédérique, opus cit, 2006.
[144] Notion reprise d'Isabelle ASTIER, dans *Les nouvelles règles du social*, Paris, PUF, mars 2007.

Partie 3 : Les jeunes majeurs

I/ Qui sont les jeunes majeurs de l'association Jean Cotxet ?

Dans cette partie, il s'agit de présenter brièvement les profils des jeunes majeurs accueillis dans les foyers éducatifs de l'association Jean Cotxet. Pour cela, ce sont les données récoltées par le biais des questionnaires administrés aux jeunes majeurs en 2008 et en 2009 (cf. questionnaire en annexe 3). Pour l'année 2009, 79% des jeunes majeurs de l'association ont participé à l'étude, soit 88 personnes.

En 2009, la moitié des jeunes sont dans leur $18^{\text{ème}}$ année, ensuite, un tiers des jeunes ont 19 ans, et 17% ont 20 ans. Entre 18 et 21 ans, les jeunes sont de moins en moins nombreux par tranche d'âge, avec un rajeunissement depuis 2008. Les 18 ans représentent 50% en 2009 alors qu'ils représentaient 43,1% en 2008. L'âge moyen est de 18 ans et 9 mois. Les filles sont plus jeunes que l'année dernière (18 ans et 7 mois). Elles sont pour plus de la moitié d'entre elles dans leur $18^{\text{ème}}$ année (46,5% en 2008). Les garçons sont plus âgés qu'en 2008 (18 ans et 10 mois).

Le parcours institutionnel
L'âge au premier placement :
51,1% ont été placés pour la première fois entre 15 et 18 ans, 25% entre 10 et 15 ans, 15, 9% entre 0 et 10 ans, et 5,7% à l'âge de 18 ans. L'âge moyen du premier placement est de 13 ans et neuf mois (14 ans pour les garçons et 13 ans et cinq mois pour les filles). Les jeunes majeurs ont été placés plus vers l'adolescence, plus de la moitié d'entre eux à 15 ans et plus. La moitié d'entre eux ont connu une mesure A.E.M.O. avant leur placement. Il n'y a pas de différence entre les filles et les garçons. Ceux qui ont connu une mesure AEMO ont été placés plus tard que les autres (plus de deux ans de différence).

La situation socioprofessionnelle

42% étudient sans travailler, 15,9% étudient et ont un travail, 12,5% étudient et travaillent en alternance, 11,4% ne poursuivent pas d'études et travaillent. Pour ceux qui n'étudient plus et qui travaillent (soit 10 personnes), la plupart sont en CDI (à temps complet ou partiel), 8% sont en plateforme de mobilisation (les missions locales) et ont un contrat CIVIS. Aucun n'est en hôpital de jour. Cette année, 6,8% n'ont pas d'activité particulière, ils étaient 19,4% en 2008. Il n'y a pas de différence entre les filles et les garçons.

Le type d'études suivies

Ce sont les bacs professionnels sans alternance qui sont les filières les plus fréquentées (16,1% en 2009, 10,6% en 2008). Ils sont passés devant les CAP et BEP sans alternance qui étaient les filières les plus occupées en 2008. Nous pouvons penser que ce sont les mêmes jeunes qui étaient en BEP et poursuivent jusqu'au bac, cependant, l'âge moyen des jeunes en 2009 est légèrement inférieur à celui de 2008.

Il y a plus de jeunes qui sont inscrits pour préparer un bac STT, STL, SMS cette année. Ils représentent 11,3% des filières, alors qu'en 2008, il n'y en avait que 6%. Si nous regardons les résultats par niveau, 35,5% préparent un bac (professionnel ou général), 27,4% préparent un BEP ou un CAP, et 19,4% font des études supérieures (BTS et université).

Les diplômes

<u>Le diplôme le plus élevé obtenu</u>

27,9% ont le brevet des collèges, 26,7% n'ont aucun diplôme et 2,3% ont uniquement le CFG. Plus de la moitié des jeunes majeurs interrogés ont des bagages scolaires faibles, n'ayant pas de diplôme ou uniquement le brevet des collèges ou le CFG.

Ensuite, 25,6% ont un CAP ou un BEP comme diplôme le plus élevé. 15,2% ont un bac (professionnel ou général) comme diplôme le plus élevé. 2,3% ont un diplôme supérieur au bac. Les jeunes ont des diplômes un peu plus élevés par rapport à 2008.

Nous pourrions penser que ce sont les mêmes qui ont obtenu des diplômes supérieurs depuis 2008, cependant l'âge moyen est légèrement inférieur à celui de 2008.

Age et diplômes
Les jeunes majeurs qui ont 18 ans n'ont pas de diplôme pour 36,4%. Ceux qui ont 19 ans ont pour 37,9% un BEP/CAP, 6,9% un bac pro ou techno (3,6% en 2008), 3,4% un bac général et 3,4% un diplôme supérieur au bac. Ceux qui ont 20 ans, n'ont pour 6,7% aucun diplôme et 13,3% ont le brevet des collèges comme unique diplôme. Ils ont pour 33,4% d'entre eux un bac pro ou techno, 33,3% un CAP ou un BEP et 6,7% ont un diplôme supérieur au bac.

La déscolarisation
42% disent avoir été déscolarisés à un moment de leur vie. Il n'y a pas de différence entre les filles et les garçons. Ceux qui ont été déscolarisés ont été placés plus tard que les autres (près de deux ans plus tard). Parmi ceux qui ont été déscolarisés, 54,1% d'entre eux n'ont aucun diplôme, 29,7% le CFG ou le brevet des collèges, 13,5% le CAP ou BEP, un seul a un bac technologique. Aucun n'a de bac général ni de diplôme supérieur au bac.

Les liens familiaux
Les parents
70,5% disent avoir des relations avec leurs parents. Parmi eux, la plupart ont des liens toutes les semaines (62,9%) et ils expliquent bénéficier de différents soutiens: 39,7% des conseils, du soutien moral et affectif, 31,7% des prêts d'argent, et 25,4% des conseils pratiques. 85,2% ne souhaitent pas vivre avec leurs parents ou l'un d'eux prochainement.

Les frères et sœurs
Plus des trois quarts des jeunes disent avoir des relations avec leurs frères et sœurs ou l'un d'eux. Parmi eux, 53,4% ont des contacts réguliers (toutes les semaines, physiques ou téléphoniques). Lorsque nous les interrogeons sur le type de liens, 54,2% d'entre eux reçoivent des conseils et du soutien moral, 29,2% des services

pratiques, et 16,7% des prêts d'argent. 74,7% n'envisagent pas de vivre avec leurs frères et sœurs prochainement, 22,8% pourraient envisager cette situation. Ils ont plus de relations avec leurs frères et sœurs qu'avec leurs parents, ils envisagent davantage de vivre avec eux prochainement. Leurs frères et sœurs les soutiennent moralement davantage que leurs parents. Cependant, les parents rendent plus de services pratiques et des prêts d'argent que les frères et sœurs.

Les oncles, tantes, grands-parents, tuteurs
42% déclarent être en relation avec un proche de la famille autre que les parents ou les frères et sœurs. Parmi eux, 37,3% parlent d'un oncle ou d'une tante, 31,3% de cousins, 20,9% de grands-parents, 6% d'un beau-parent, et 4,5% d'un tuteur.

Les questionnaires passés sur deux années successives nous ont permis de dégager quelques points forts : les jeunes sont plus qualifiés et plus en activité d'une année sur l'autre alors qu'ils sont légèrement plus jeunes (18,75 années en 2009 et 18,80 années en 2008). Ce ne sont donc pas les mêmes jeunes. Nous pouvons émettre deux hypothèses : soit les jeunes arrivent plus qualifiés, soit ceux qui étaient le moins en activité ont été écartés de cette aide d'une année sur l'autre. Le nombre de jeunes majeurs n'a pas évolué de manière significative d'une année à l'autre, cependant, les C.J.M. sont plus courts. Ce sont les jeunes les moins actifs qui ont les contrats les plus longs, venant confirmer l'idée que ces durées courtes sont des outils pour dynamiser un jeune dans un processus d'insertion.

Cette première démarche, la passation de questionnaires auprès des jeunes majeurs de l'association Jean Cotxet, nous a semblé très rapidement limitée pour comprendre l'expérience des jeunes dans les institutions et la façon dont ils envisagent ou vivent leur départ. Nous avons décidé de nous inscrire dans une démarche compréhensive qui « *s'appuie sur la conviction que les hommes ne sont pas de simples agents porteurs de structure mais producteurs actifs du social, donc des dépositaires d'un savoir important qu'il s'agit de suivre de l'intérieur, par le biais du système de valeur des individus* »[145]. La suite de cette partie est consacrée à l'analyse d'entretiens semi-directifs passés auprès de 19 jeunes. Dix sont placés au moment de l'entretien, neuf ont quitté les dispositifs de la protection de l'enfance depuis moins de quatre ans. Nous avons rencontré certains de ces jeunes plusieurs fois (à plusieurs mois d'intervalle). Certains ont accepté un second entretien, les autres nous ont informés sur leur situation.

II/ La catégorisation des jeunes majeurs

La condition d'« enfant placé » ne signifie pas l'appartenance à une catégorie sociale spécifique. Le placement est la conséquence d'une série d'évènements et d'un parcours qui comprend différentes étapes, produit d'une interaction entre la famille et les différents acteurs du champ de la protection de l'enfance. Reprenant l'idée que c'est « *la réaction sociale qui fournit la catégorie sociale* »[146], c'est leur situation d'assisté social qui les réunit dans une même catégorie, unifiée « *par l'attitude collective que la société comme totalité adopte à leur égard*[147] ». Différents travaux se sont attachés à mieux connaître l'expérience des individus en situation d'assistance sociale (Nicolas Duvoux, Michel Messu, Serge Paugam). Nous en retiendrons deux éléments essentiels : les capacités de négociation et de stratégies d'action des individus face aux contraintes de l'intervention sociale ainsi que la stigmatisation du statut d'assisté à laquelle les individus sont confrontés. Pour reprendre Michel Messu, « *...lorsqu'on admet un parcours de vie qui vous conduit à fréquenter assidûment les institutions de l'assistance sociale, on se trouve ipso facto confronté au stéréotype social de l'assisté.* »[148]

---

[145] KAUFMANN Jean-Claude, *l'entretien compréhensif*, seconde édition, Armand Colin, 2007.
[146] MESSU Michel, *Les assistés sociaux, suivi, de l'Assistance d'Assurance*, Academic press Fribourg, 2009.
[147] SIMMEL Georg, *Les pauvres*, 1907, cité par PAUGAM Serge, « La disqualification sociale, essai sur la nouvelle pauvreté », PUF, paris, 1991, p. 24.
[148] MESSU Michel, opus cit. 2009.

Ainsi, afin de mieux comprendre le sens du vécu de ces jeunes dans les dispositifs de la protection de l'enfance, nous avons analysé à la fois la nature de leurs relations avec les institutions et avec les différents acteurs les entourant (leurs familles, les professionnels, leurs amis) et la lecture qu'ils ont de leur histoire et des événements qu'ils ont vécus (premier placement, parcours institutionnel, choix scolaire ou professionnel). Nous nous sommes aussi intéressées à la façon dont ils envisagent leur avenir et ce qu'ils attendent de cette prise en charge. Il s'agissait également de comprendre la manière dont ils vivent ce statut d'assisté social et les valeurs qui l'accompagnent, ainsi que la dépendance qui les lient aux institutions et la façon dont ils s'en détachent au moment de leur départ.

L'analyse des entretiens nous permet de distinguer trois catégories de jeunes, construites à partir de leurs discours. La présentation de ces catégories doit être observée comme des tableaux de pensée, c'est-à-dire comme des « idéaux-type »[149] tels que Max Weber les développe. Ces modèles d'intelligibilité ne présentent donc pas « l'essence d'une réalité » mais permettent, en soulignant les traits caractéristiques de chaque catégorie, de rendre compte du sens du vécu des jeunes à partir « d'une intuition compréhensive »[150].

---

[149] WEBER Max, *L'éthique protestante et l'esprit du capitalisme*, Paris, éditions Plon, 1964.
[150] MESSU Michel, opus cit, 2009, p.48.

> *Le détaché*
>
> Le statut d'assisté social est vécu comme une honte[151]. Le détaché a intégré la norme institutionnelle de l'autonomie et la revendique[152] afin de se détacher symboliquement de l'assistance. Il fait des études qui se poursuivront après ses 21 ans et en parallèle travaille à temps partiel. Les allocations de l'A.S.E. sont épargnées dans l'objectif de préparer son départ et d'assurer la continuité de ses études à la fin du contrat. Le C.J.M. est considéré comme une transition qui lui permet d'accéder à un statut professionnel auquel il aspire. Le cadre contractuel est une opportunité dont il se saisit. La logique d'activation est valorisée car elle lui permet de mettre en exergue le fait qu'il ne doit sa réussite qu'à lui-même. Les ressources dont il dispose lui permettent de maîtriser son avenir et de négocier son projet de vie. Cette volonté d'ascension sociale lui permet une capacité de négociation avec les professionnels. Cette distanciation du statut d'assisté et du stigmate qui l'accompagne (être un jeune de l'A.S.E.) le mène à adopter des stratégies de retrait envers les institutions. L'accompagnement éducatif est minoré. Distant avec les professionnels, il refuse toute forme d'injonction et réclame une relation « d'adulte à adulte ». Lorsqu'il établit une relation privilégiée avec l'un d'entre eux, il s'agit d'une personne présente dans son quotidien avec qui il a tissé des liens de confiance. Il attend alors de lui une capacité à le soutenir et le défendre dans ses projets. Dans le foyer, il se distingue des autres jeunes avec qui il partage les mêmes conditions, en faisant valoir son autonomie acquise, ce qui provoque des conflits. Il reste attaché à son territoire d'enfance et son réseau amical est constitué d'amis qui sont tous extérieurs au foyer.

---

[151] Qu'il s'agisse en effet de « l'assisté honteux » pour Michel MESSU, de « l'assisté fragile » pour Serge PAUGAM, ou de « l'autonomie intériorisée » pour Nicolas DUVOUX, nous retrouvons les caractéristiques communes et notamment cette honte de l'assistance.

[152] En cela, le « détaché » a des caractéristiques communes avec les Rmistes qui ont intégré la norme d'autonomie dans l'étude de DUVOUX Nicolas, opus cit., 2009.

Le reconnaissant

Le statut d'assisté social est vécu comme une chance. L'accès dans le champ de la protection de l'enfance est décrit comme un passage providentiel. Les institutions lui ont permis de quitter un environnement social et familial stigmatisant. L'assistance est un levier pour poursuivre ou reprendre des études grâce au soutien moral, matériel et financier dont il bénéficie. Reconnaissant envers les institutions, les différents échecs engagent sa seule responsabilité individuelle. Le C.J.M. est considéré comme un cadre contraignant mais la logique d'activation lui permet de faire preuve de mérite, ce qu'il considère comme une qualité. Le contrat est également sa « bouée de sauvetage » qui lui permet de ne pas revenir à sa condition antérieure au placement, qu'il disqualifie. Etudiant, il est éloigné du marché de l'emploi, les allocations sont ses seules ressources. Souhaitant poursuivre ses études après ses 21 ans, il se projette comme boursier ou éventuellement dans des études en alternance. Il a intégré les normes institutionnelles et a une « intelligence du système »[153]. Il valorise le travail des professionnels qui l'accompagnent. Il a établi une relation de confiance notamment avec l'un d'entre eux, celui présent depuis le début de son placement, prenant l'image d'un « autrui significatif ». Soucieux de préserver « une bonne image » envers ce travailleur social, il dissimule des événements ou des comportements qui pourraient le disqualifier. Son réseau est constitué principalement de personnes qu'il a rencontrées durant ses placements, qu'il s'agisse d'adultes ou d'amis. Il craint la fin du C.J.M., notamment la rupture avec les professionnels.

---

[153] MESSU Michel, opus cit., 2009.

Le dévalorisé

Son passage au sein des institutions de la Protection de l'enfance ne lui permet pas d'accéder à ses ambitions de promotion sociale et professionnelle. Les différents échecs sont attribués au fonctionnement de l'A.S.E.. En ce sens, il se dit dévalorisé par le statut d'assisté social. Le premier placement, les changements d'établissement, les ruptures et les orientations scolaires et professionnelles sont décrits comme une forme de fatalité. Il a échoué à un examen et n'a pas pu se représenter du fait de l'approche de ses 21 ans. Il a ainsi renoncé au statut auquel il aspirait, et vit cette situation comme un déclassement. S'il est en situation d'emploi, celle-ci est jugée disqualifiante. Il est en situation d'attente pour passer un concours (ou obtenir des papiers qui lui permettront de travailler), l'empêchant de se projeter vers un avenir positif. L'approche de la fin du C.J.M. le place dans une situation d'urgence. Ne maîtrisant pas son avenir, il ne dispose pas de liberté de choix dans la conduite de sa vie et ne fait pas preuve de capacité de négociation. Il accepte les propositions de projets soumises par les professionnels. Il se sent dévalorisé par les décisions qui sont prises pour lui. Le cadre contractuel est contraignant, le renvoyant à sa situation de dépendance aux institutions. Il rejette la situation de dépendance dans laquelle il se trouve, tout en revendiquant un droit à être protégé, en faisant valoir sa situation sociale et familiale dégradée ainsi qu'un manque d'autonomie psychique et financière. Il a acquis une « intelligence du système ». Il est très présent dans le foyer et en lien avec les professionnels. Toutefois, ses relations sont très ambivalentes. Il attend un soutien moral et en même temps leur dénie toute efficacité.

III/ Le détaché

Cinq jeunes s'inscrivent dans cette catégorie, dont 2 anciens.
Un des anciens, Boris, âgé de 22 ans, a quitté l'A.S.E. depuis deux ans. Placé à 16 ans, il a connu deux foyers. A ses 18 ans, il a quitté le premier internat éducatif pour intégrer la structure Kirra, au sein de laquelle il a vécu en appartement puis dans le studio. Diplômé d'un CAP plomberie, il travaille en intérim en tant que préparateur de commandes. Il habite dans un logement autonome.
Soraya, 19 ans, est partie du foyer Belharra depuis un an, dans lequel elle vivait depuis l'âge de 16 ans, moment de son premier placement. Au moment de l'enquête, Soraya vit dans une résidence sociale, elle vient d'arrêter sa seconde année en BEP commerce, quelques mois avant l'examen. Elle est à la recherche d'un emploi.
Parmi les jeunes majeurs encore placés au moment de l'entretien, Mathieu a 20 ans. Il vit en appartement partagé dans la structure Kirra depuis ses 18 ans, âge de son premier placement. Il est en première année Economie et gestion à l'Université et travaille à temps partiel dans un fast-food.
Noémie a 20 ans au moment de l'entretien. Elle vient alors de quitter le foyer Belharra où elle vivait depuis deux ans pour emménager dans un foyer de jeunes travailleurs, elle bénéficie toujours d'un C.J.M.. Placée à l'âge de 16 ans, elle a connu deux foyers éducatifs. A Belharra, elle a vécu dans la structure collective puis dans le pavillon en colocation. Elle est en seconde année d'un bac professionnel Service et Conseil et travaille à temps partiel dans un fast-food.
Tarik, 20 ans, a été placé plus jeune (8 ans) et a connu plusieurs structures différentes (familles d'accueil, M.E.C.S.). Il vit dans un appartement partagé à Jaws depuis deux années. Il s'apprête à le quitter pour emménager dans une chambre d'étudiant. Il est en seconde année de B.T.S. technico-commercial et livreur de pizzas à temps partiel. Il perçoit également une bourse étudiante.

L'entrée dans le champ de l'assistance

Exprimant clairement les motifs de leur placement, ces jeunes font part d'une capacité à raisonner sur les différents événements qui ont précarisé leur niveau de vie et les liens familiaux (migration non choisie, précarité économique de la famille, conflits, etc.), et ceux qui ont permis l'émergence de l'idée du placement (rencontre avec des assistantes sociales, avec des professeurs, etc.). A l'initiative du signalement, ils expliquent avoir participé de manière active à leur placement, alertant notamment des professionnels de leur établissement scolaire. Ce premier placement est raconté comme un aboutissement logique à une période de « crise » vécue au sein de leur famille et caractérisée par une accumulation d'événements. Toutefois, ils insistent sur un fait déclencheur qui légitime selon eux leur départ. Par exemple, Noémie, pour laquelle sa famille a prévu un mariage arrangé depuis plusieurs mois, décide de quitter le domicile parental lorsque ses frères, apprenant sa liaison avec un autre jeune homme, agressent violemment celui-ci :

> *Ma mère elle veut que je me marie avec quelqu'un d'autre (que son petit ami actuel) et... mes frères ils l'ont tabassé (...) et il était tombé dans le coma pendant une semaine ...C'est pour ça que je suis partie de la maison.* <u>Noémie</u>

Boris explique la précarisation progressive de sa situation familiale depuis le départ de son père et le contexte qui a motivé sa décision de se tourner vers les services de la Protection de l'enfance.

> *Jusqu'à 16 ans ça se passait bien, j'étais avec mes parents, mes deux parents, enfin, plutôt jusqu'à l'âge de 10 ans, après mon père est parti vivre en France, j'avais 10 ans, après, je suis parti vivre avec ma mère, après, bon, il nous est arrivé pas mal de galères, parce que ma mère, toute seule, c'était un peu difficile. Niveau financier, tout ça, même, on a perdu le logement là où on était, donc après je me suis retrouvé chez mes grands-parents, et eux, ils me disaient « Ouais, tu ne peux pas rester... tu ne peux pas rester tout le temps là ». Eux déjà, ils avaient le projet de retourner en France (...) ils voulaient vraiment que je sois dans un foyer, que je retrouve une scolarité, que je retrouve... que je m'en sorte et tout.* <u>Boris</u>

Mathieu, quant à lui, parle de « cycles » pour décrire les multiples moments où son père l'excluait du domicile parental. Il décide de briser un jour ce processus, après avoir rencontré une assistante sociale au lycée :

> *Ca a toujours été un cycle, depuis que j'ai 11 ans que ça se passe comme ça. C'est toujours... on me mettait dehors... il y a même des moments où il déclarait que j'avais fugué, et puis je rentrais...*

et ainsi de suite. Au bout d'un moment, quand je rentrais, je me disais « Bon, ça sera quand la prochaine fois ? [...] Mon père était opposé à tout ce qui pouvait se mettre en place, voilà... Mon père a toujours été... même pour le contrat jeune majeur. Même après qu'il m'ait mis dehors, quand il a su que j'allais en contrat jeune majeur, il m'a demandé de rentrer à la maison et je lui ai dit « Non, ce n'est pas possible. C'est plus possible à chaque fois qu'on me mette dehors et que je rentre et qu'on me remette dehors, et que je rentre... » Je lui ai dit qu'il fallait que ça s'arrête.
Mathieu

Ces jeunes ne s'étalent pas sur leur situation familiale et les événements passés, qui sont minimisés. Ils lissent leur parcours et y injectent peu de charge symbolique.

Le parcours institutionnel

Lorsqu'ils ont été placés dans plusieurs institutions, les changements de structure ne sont pas racontés comme des ruptures. Devenus majeurs, impatients de quitter la collectivité, ils considèrent que le passage à une structure plus autonome, dont ils se disent à l'initiative, est cohérent au regard de leur âge et de leurs projets, s'inscrivant dans un processus vers la vie adulte. Ils se saisissent d'un logement plus autonome afin d'accéder à une plus grande indépendance. En effet, quitter le groupe, s'installer dans un foyer de jeunes travailleurs ou dans un studio est selon eux une preuve de plus grande autonomie. Réclamant plus de liberté et moins de surveillance éducative, le foyer est décrit comme un univers trop cocooné, qui ne les prépare pas suffisamment à la vie autonome. Ils font preuve également d'une capacité stratégique à choisir les orientations institutionnelles qui leur semblent les plus pertinentes pour leur avenir.

Pourquoi ça a été plus facile à Jaws ?
Parce qu'ici on voit les éducateurs assez souvent. Quand on a besoin d'eux, on peut aller les voir. Tandis que dans un foyer de jeunes travailleurs, l'éducateur il ne passe qu'une fois par mois tandis que là, ils nous proposent des rendez-vous, on vient, pour les démarches administratives, comme ça on n'a pas de problèmes. En plus, ils nous aident à trouver un logement comme

ça à 21 ans on n'est pas dehors. C'est une structure qui est beaucoup plus intéressante. Tarik

Ces jeunes sont conscients des faits objectifs survenus dans leur carrière de « jeune protégé » qu'ils rendent cohérente en réajustant à chaque rupture biographique leur identité. Le premier placement, l'installation dans une structure plus autonome et la contractualisation de la mesure sont expliqués comme des passages essentiels qui les soutiennent dans leurs démarches d'autonomisation et de distanciation des services sociaux.

Le réseau

Le placement ne provoque pas une rupture avec l'environnement de leur enfance et de leur famille. Ils cherchent à renouer des liens avec leur famille avant leur départ afin de pouvoir bénéficier d'un soutien moral à l'issue de leur placement. C'est ce qu'exprime Noémie, mais aussi Tarik qui a quitté sa famille d'accueil en province à 18 ans pour se rapprocher de sa famille d'origine, et également Boris, qui se rend compte de l'importance d'un soutien familial après un séjour chez ses parents:

> *Ils sont presque tous là-bas, j'ai que ma mère, un oncle et une tante ici. Et c'est vrai que des fois, le manque de soutien familial, c'est difficile, c'est vrai que là-dessus... je me dis que s'ils étaient là, ça me donnerait plus de force. Parce que pour moi on en a besoin, si tu n'as pas tes amis, si tu n'as pas ta famille, c'est compliqué. C'est compliqué parce que quand tu traverses des périodes difficiles, tout ça, si tu ne parles pas, si tu n'évacues pas ce n'est pas bon. T'es là, t'as la pression, t'es pas bien.*
> Boris

Par contre, et c'est ce qui les distingue notamment des autres enquêtés, leur réseau relationnel extérieur au foyer est très dense. Ils ont en effet sauvegardé des liens amicaux antérieurs au placement (amis d'enfance) et se sont construit un réseau amical constitué d'amis du lycée.

> *Je m'ennuyais là-bas parce que avec les filles du foyer ça va, mais... c'est juste des connaissances quand même, tous mes amis ils habitent à Paris, c'est loin, ma famille aussi, même s'il y a eu*

des problèmes, maintenant, je vais resserrer les liens. Je n'avais pas de personnes ...enfin... des personnes qui étaient plus proches de moi, je n'avais pas là-bas. C'est juste des connaissances. <u>Noémie</u>

Ils ne tissent pas de liens amicaux avec les autres jeunes du foyer[154] et témoignent de difficultés de cohabitation qui se cristallisent particulièrement autour de problèmes du quotidien (ménage, repa,…). Ils ne veulent pas s'identifier à ceux avec qui ils partagent les mêmes conditions et entretiennent des relations distantes, quel que soit le temps passé dans l'institution. Ils cherchent néanmoins à éviter les conflits. Chacun d'entre eux explique ainsi rechercher des relations cordiales, certains relatant les efforts consacrés pour créer un lien avec leurs colocataires (préparer des repas commun,…). Ces difficultés prennent racine dans leur ténacité pour se distinguer des autres jeunes placés, en faisant valoir notamment l'acquisition de divers apprentissages (savoir gérer un budget, un emploi du temps, cuisiner,…), preuve selon eux d'une plus grande maturité.

<u>*Et alors, qu'est-ce que t'attends de plus des éducateurs, du travail des éducateurs ?*</u>
C'est ce que je disais euh… Dans l'association, je suis un peu un cas à part. Une bonne partie des choses que je suis censé apprendre ici, je sais déjà les faire.
<u>*Quoi par exemple ?*</u>
Je dis ça, c'est en comparaison avec les autres. Par exemple… on me disait… gérer ses finances, et… il y en a certains qui n'y arrivent pas. C'est pareil pour l'emploi du temps. <u>Mathieu</u>

Renvoyant ainsi aux professionnels et aux autres jeunes une forme de mépris, cette façon de se distinguer peut les conduire à des situations de conflits et d'isolement pourtant non souhaitées :
A part mon colocataire qui fait ses machines à 20 heures, je lui ai déjà dit que les machines, ça se fait pas à 20 heures… Mais

---

[154] Seul Tarik nous fait part des liens amicaux qu'il a créés avec d'autres jeunes majeurs qui habitent sur le même palier que lui. Toutefois, il est à noter qu'à la différence des autres jeunes enquêtés, Tarik n'a jamais connu la collectivité puisqu'il vivait en famille d'accueil avant d'intégrer « la chambre de bonne ».

> *sinon, la gêne, c'est des petits trucs, les machines à 20 heures... et puis quand il fait ses machines, il lave un tee-shirt à la fois... genre il fait une machine pour deux ou trois vêtements. Je lui ai dit « Tu sais, pour le moment, ce n'est pas toi qui paye, mais quand tu seras chez toi, tu feras ça, tu verras la facture à la fin du mois... ». Et puis lui il a pas conscience de ça. Quand je lui dis ça, c'est comme si je parlais dans une autre langue. Je laisse... je lui dis juste de pas faire ses machines à huit heures.* <u>Mathieu</u>

Cette distinction traduit une nécessité chez ces jeunes majeurs de marquer une forme d'indépendance, les préservant d'une situation d'assistance vécue comme dévalorisante. Ce comportement qu'ils mettent en avant pour échapper au stigmate lié à leur situation d'assisté devient finalement stigmatisant dans le foyer (Mathieu se voit traiter de « *fils à papa qui n'a rien à faire au foyer* »). D'ailleurs, ils cachent leur situation de placement aux pairs extérieurs au foyer. Et s'ils l'évoquent, ils utilisent le terme de contrat, moins stigmatisant et mettant en avant une norme d'autonomie. Stratégie de « faux-semblant »[155], pour reprendre Erving Goffman, qui les oblige à cacher leur vie en foyer, tant cette condition les renvoie à une position dévalorisante de « *fille sans famille, fille à problème* », comme le dit Noémie.

Le lien avec les professionnels

C'est une relation d'adulte à adulte qu'ils attendent des travailleurs sociaux, et toute forme d'échange qui les renvoie à un statut d'enfant est insupportable.

> *Il (l'éducateur) croit qu'il a toujours raison et j'ai l'impression qu'il nous prend pour ses enfants. Il nous donne des ordres, et ça, je ne supporte pas. Déjà quand j'étais chez moi, dans ma famille on me donne pas des ordres, ça va pas être lui ! Et là quand j'ai besoin d'aide je les consulte, mais je ne veux pas qu'il me dise, tu fais ça, tu fais ça.* <u>Noémie</u>.

---

[155] GOFFMAN Erving, S*tigmate, les usages sociaux du handicap*, Les Editions de Minuit, Paris, 2007, p.99.

S'ils acceptent les conseils de certains professionnels, ils ont toutefois exprimé la révolte que provoque chez eux toute forme d'injonction. C'est ainsi que Noémie, qui a pris pourtant la décision l'année précédente de consulter un psychologue, réagit vivement lorsque l'inspecteur conditionne le renouvellement de son C.J.M. à cette thérapie.

> *Et tu trouves qu'elle est exigeante par rapport à l'autre (en parlant de l'inspectrice) ?*
>
> *Ouais, un peu quoi. Parce que l'histoire de… le psy, au début, c'est moi qui avais envie d'aller le voir, et du coup, c'est devenu une obligation. Elle m'oblige d'aller. Mais j'ai proposé, et si je n'ai pas envie d'aller, j'arrête. Mais moi, elle me dit, dans le contrat, c'est obligé.* Noémie

Si l'autorité du professionnel est contestée, c'est également la dimension de l'apprentissage de l'aide éducative qui est remise en cause :

> *Non, mais c'est dans le contrat, mais c'est… en fait, dans le contrat, il y a écrit qu'on doit avoir une aide éducative. Mais ça dépend de chacun. Moi, quand je suis arrivé, on m'avait dit que personnellement, que je n'avais pas besoin d'aide éducative, mais… moi je me dis, bon ben… Parce que je suis plus autonome que certains qui sont déjà dans l'association. Financièrement, j'arrive à gérer, à me gérer financièrement, et puis au niveau de mon emploi du temps… Mais il y en a certains qui n'y arrivent pas. Mais moi je me dis, même si on me dit que j'en ai besoin, autant… le faire, c'est toujours bien d'avoir l'avis d'une personne extérieure, et si possible d'un professionnel.* Mathieu

C'est le soutien moral qui est attendu et reconnu des travailleurs sociaux, comme explique Boris, qui reste encore aujourd'hui étonné du comportement de son éducatrice lors d'une démarche pour une inscription dans un établissement scolaire :

> *Ces gens-là ils m'ont aidé, ils ont fait plus que leur travail, et je suis reconnaissant envers eux par rapport à ce qu'ils ont fait.*
>
> *Et pourquoi tu dis qu'ils ont fait plus que leur travail ?*
>
> *Ben parce que, tu sais quand ça allait pas, tu sentais qu'ils étaient là pour me booster, tu sentais qu'ils faisaient plus, ça se sent. Je ne sais pas… ils étaient humains, ils voyaient que ça allait pas, ils te parlaient. Ils étaient simples, ils étaient à l'écoute quand t'en avais besoin. En transfert ça veut dire qu'on*

> *organisait un séjour en vacances dans le sud, tout ça. Et je me souviens qu'elle m'a amené jusque dans le 95 et après, on avait oublié un chèque, elle devait finir dans une heure, donc on est revenus ici, on a mangé là, après on est repartis là-bas, après on est revenus, elle a fini peut-être... sans rien dire ou quoi que ce soit. Et plusieurs fois des choses comme ça c'est arrivé. Elle aurait très bien pu dire « Ton chèque, tu retournes en transports, moi j'ai terminé. ».* <u>Boris</u>

Leurs discours, qui reflètent un besoin de se tourner vers l'avenir et de lisser leur histoire passée, ne les amènent pas à parler d'eux et à se livrer aux professionnels. Toutefois, lorsqu'ils acceptent de se confier, il s'agit d'un professionnel présent dans leur quotidien (psychologue du foyer, éducateur) dont ils attendent une propension à les soutenir dans leurs choix, à les défendre et à les protéger :

> *Un jour, à l'entretien, ils disaient des trucs sur moi, mon éducatrice, elle disait des trucs que ma famille elle disait sur moi, plein de mauvaises choses, même je suis restée choquée. Elle avait dit que je me prostituais, Et Sandrine,* (l'éducatrice du foyer) *elle disait, mais c'est n'importe quoi. Nous, on connaît Soraya depuis pas très longtemps, mais elle n'est pas du tout comme ça.* <u>Soraya</u>

En revanche, ils ont des liens distants avec les éducateurs de l'A.S.E., ne légitimant aucunement leurs interventions.

> *Non, pas du tout, je peux rester sept mois sans la voir et sans nouvelles, juste pour renouveler le contrat jeune majeur et c'est tout. Sinon, on ne se voit pas.*
> <u>Et ça, elle est contente de ça ou c'est normal ?</u>
> *Ben, je pense que ce n'est pas normal parce que les autres jeunes, j'entends souvent, ils disent « Ouais, j'ai rendez-vous avec mon éduc ». Mais moi, je n'ai pas de rendez-vous, et ça me convient parce que je n'ai pas le temps de toute façon.* <u>Noémie</u>

Leurs discours sur les professionnels, qui n'excluent pas l'utilisation de termes affectifs, traduisent un rejet de la dépendance liée à leur condition d'assisté. C'est la solidarité humaine qui est valorisée, plus que la dimension technique du travail de l'éducateur (apprentissage, démarches administratives ..).

Le cadre contractuel

Le contrat jeune majeur leur permet de subvenir à leurs besoins financiers mais surtout à leurs désirs de promotion sociale et d'accès à un statut social valorisé, statut que leur situation familiale ne leur permettait pas d'atteindre. Le C.J.M. est avant tout une transition, un moyen de poursuivre leurs études, et/ou d'économiser pour préparer leur future installation, et de s'assurer financièrement pour quelques mois après leur sortie. Ils sont prévoyants, ils capitalisent pour se protéger d'une éventuelle précarité. Ils ne sont pas surpris du caractère administratif de cette mesure.

Pourquoi ça a pris autant de temps ?
Elle me disait qu'il fallait déjà que l'inspectrice étudie le dossier, et après, une fois qu'elle l'avait étudié, fallait qu'elle l'envoie dans plein d'associations, que les associations étudient mon dossier, et qu'il y en ait une ou plusieurs qui répondent positivement. Et après, même après la réponse, il fallait... comme par exemple, moi quand j'ai eu la réponse positive de cette association, il a fallu... je suis venu passer un entretien, et il a fallu encore deux semaines, le temps qu'ils préparent l'appartement. Mathieu

Oui, sauf qu'on est plus en confiance parce qu'on sait que la plupart du temps ils renouvellent. Dans un entretien d'embauche on n'est pas sûrs d'être pris, tandis que là on a 95% de chances de renouveler. Tarik

Ces jeunes sont relativement confiants quant aux renouvellements de leurs contrats. Ils sont en accord avec la logique contractuelle qu'ils conçoivent comme un arrangement dont ils restent entièrement acteurs.

Non, je n'appréhende pas. J'en ai eu deux pour le moment, et puis généralement, pour renouveler le contrat... en fait, le contrat, il y a pas vraiment des clauses précises, c'est comme un arrangement.
Ah oui ?
Oui, en fait, je me fixe des objectifs que je dois atteindre, et en échange, elle, elle signe le contrat, enfin, elle renouvelle le contrat. Tarik

Le contrat participe pour ces jeunes à une forme de rééquilibrage des pouvoirs, leur permettant de se rendre dignes par leur participation active. Leur adhésion et leur engagement à ce contrat, cette façon de dire comment ils sont initiateurs de leur projet, marquent une non-soumission à l'institution et leur contrepartie à cette aide. Car pour eux, et Soraya le dit bien, le C.J.M., « *ce n'est pas un droit, c'est un coup de pouce* », levier d'insertion qui se mérite. Rien alors de surprenant que les jeunes sans activité les rebutent :

> *Ben, même si tu ne travailles pas, il faut faire des études quoi. On ne va pas t'aider, et toi, t'es là, tu fais rien de ta vie, tu restes là à fumer du shit, ça sert à rien.* Noémie

Leur rapport à l'insertion

Hormis Boris qui a arrêté ses études au CAP et travaille aujourd'hui, ces jeunes sont tous étudiants et occupent un emploi à mi-temps. Leurs horaires de travail s'adaptent à ceux de leur scolarité :

> *En fonction de l'emploi du temps de la fac, j'ai fait mon emploi du temps au Mc Do, puisqu'il y a des aménagements d'horaires au Mc Do pour les étudiants, donc autant en profiter ! Par exemple, je ne travaille que le soir après 18h15, parce que je finis la fac à 16h30, et puis le temps d'arriver, le temps d'aller travailler.* Noémie

Certains ont eu un premier emploi avant leur placement afin de pallier les difficultés financières du milieu familial.

> *J'étais avec ma mère et mes deux frères, elle travaillait mais elle ne gagnait pas beaucoup d'argent, ben, j'étais obligée de travailler.*
> Et à ce moment-là, t'étais en formation, t'étais en études ?
> *Euh, oui. Ce n'est pas récent, j'ai l'habitude de toute façon, de partir à l'école et de travailler.* Noémie

Une fois placés et bénéficiaires d'allocations, ils ne veulent pas abandonner cet emploi qui leur permet d'accroître leur niveau de vie en accédant à des biens supplémentaires :

> *C'est pour ça que je travaille aussi, j'ai envie de me faire plaisir, parce que l'A.S.E. ils payent juste le FJT. On ne me donne pas l'argent tous les mois, et quand j'étais au foyer 100 € tous les mois ça ne me suffit pas, même mon téléphone déjà.* <u>Noémie</u>

L'accumulation des deux revenus (travail et allocations) leur permet de constituer une épargne qui leur assure une sécurité minimale à la fin du C.J.M. :

> *Je ne suis pas celui qui a les plus gros problèmes financiers, parce que je travaille et y a mon allocation, ça me permet de faire un certain nombre d'économies par mois que d'autres ne peuvent pas, pour me permettre, à la fin du contrat, de commencer, je dirais, sur des bonnes bases financières. Je travaille à côté, donc ça me permet de faire des économies pour, justement, la fin du contrat jeune majeur. En prévision de la fin du contrat jeune majeur.* <u>Mathieu</u>

> *Je travaille le week-end. Donc j'ai un salaire, une bourse, et j'ai les allocations de l'A.S.E..*
> <u>Ça vous fait combien par mois ?</u>
> *Ben en tout peut-être 1000 euros. Moi je les mets de côté. De toute façon, on n'a pas de loyers à payer, pas d'électricité à payer. Donc on en profite pour en mettre de côté. Enfin moi, c'est ce que j'ai fait. Ca nous permet de partir et d'être tranquilles au moins pendant une année ou deux. J'ai au moins une année de CROUS tranquille, sans stress, sans rien. Je pourrai payer tous mes loyers, tranquillement.* <u>Tarik</u>.

Cet emploi, en leur assurant un revenu, leur évite de ne pas être entièrement dépendants des aides de l'A.S.E.. Les allocations versées par les foyers ou l'A.S.E. ne restent pas moins primordiales pour garantir la constitution d'un capital qui les aidera à la poursuite de leurs études à la fin de leur prise en charge.

La revendication d'un statut d'adulte

Ce qui est frappant également dans les discours de ces jeunes, ce sont les négociations qu'ils mènent avec les différents travailleurs sociaux, faisant preuve d'une détermination à résister à certaines propositions ou injonctions émanant des professionnels. Confronté à l'intimation des professionnels de choisir une filière que Tarik estime moins qualifiante, celui-ci parvient à les convaincre de sa capacité morale et financière et de sa compétence à réussir dans une filière générale qui se poursuit au-delà de ses 21 ans :

> *L'inspecteur il ne voulait pas que je fasse un BTS par voie normale, il voulait que je le fasse en alternance, mais je lui ai tenu tête, je ne voulais pas, je leur ai prouvé que j'allais m'en sortir, il ne voulait vraiment pas en voie normale. Il voulait que je fasse soit une formation pour trouver un travail, soit un BTS en alternance. Je leur ai fait comprendre que je ne voulais pas ça. Ils ont trouvé un arrangement, ils ont signé le contrat jusqu'à la fin du premier semestre, si ça se passait pas bien il fallait que j'arrête et que je trouve un travail. Ca s'est bien passé, donc on a continué. Il fallait que je leur prouve qu'avec une bourse je pouvais m'en sortir. Ils ont fini par m'écouter. Pour une fois, ce n'est pas moi qui les ai écoutés. J'avais vraiment l'impression qu'ils ne voulaient pas que je fasse des études (...) parce qu'ils préfèrent que les jeunes sortent avec un emploi. Ils disent qu'ils s'en sortent mieux que ceux qui font des études, nous les jeunes de l'A.S.E. parce qu'on n'a personne pour nous aider. Mais c'est faux. Ils avaient tort. Ils n'aiment pas trop ceux qui font des études, ils préfèrent l'alternance ou un travail.*
>
> *(...) Même s'ils avaient interrompu le contrat, j'aurais continué, j'étais borné là-dessus. D'un côté ils n'avaient pas tort, mais ce n'était pas mon ambition, mon ambition c'était de faire des études, au moins jusqu'à l'année prochaine.* <u>Tarik</u>

C'est également ce que dit Mathieu qui préférerait voir le contrat s'arrêter plutôt que de renoncer à ses études. Mais aussi Noémie, dont nous avons choisi de restituer l'extrait de notes d'observation. Dans cette situation, la jeune fille, qui a fait une demande de renouvellement de C.J.M., vient de quitter Belharra pour intégrer un F.J.T.. Noémie négocie dans cet entretien son budget et les modalités de son suivi psychologique ainsi que la fréquence des rencontres avec l'éducatrice de l'A.S.E..

Extrait d'une observation d'une signature de contrat Jeune majeur.
Sont présents l'inspectrice de l'A.S.E., l'éducatrice de l'A.S.E., l'éducatrice du foyer, la jeune majeure Noémie

Inspectrice : Donc, je mets « montrer ses bulletins scolaires ». Est-ce que je rajoute d'autres choses ? Qu'elle doit venir plus souvent parce qu'elle va être lâchée dans la nature ?
Noémie : Ah ça non ! Ce n'est pas possible de toute manière. J'ai les cours, le soir j'ai les devoirs, le week-end je travaille.
Inspectrice : Non, mais on n'est pas une banque !
Noémie : Non, mais je n'ai pas dit que vous étiez une banque !
Educatrice A.S.E. : Si on n'est pas une banque, il y a des contreparties, bien évidemment tu vas venir !
Noémie : Vous passerez me voir !
Educatrice A.S.E. : Je passerai aussi, mais les deux sont valables ! Les deux sont valables !
Inspectrice : J'ai mis revenir à l'Aide sociale à l'enfance Noémie. Si tu ne viens pas, je mettrai fin à ton contrat. Tu vas être dans le 14ème, ton lycée il est dans le 15ème.
Noémie : Oui, mais je finis à 5h. Vous fermez à quelle heure ici ?
Inspectrice : Tu peux venir à 6h et en une demi-heure, Mme X t'as vue. C'est un impératif. Je ne rigole pas Noémie.
Noémie : Ce sera combien de fois dans le mois ?
Educatrice A.S.E. : déjà c'est toi qui vas m'appeler, ce n'est pas moi. Moi, je ne te demande pas de venir toutes les semaines, tous les quinze jours, des fois, je ne te demanderai même pas de venir tous les mois, juste tous les deux mois. Mais, c'est à toi de prendre contact. Là en sortant, on va se prendre un rendez-vous pour janvier, mais après c'est à toi d'appeler. Tu vois, moi je n'ai pas forcément envie de te voir simplement quand ça va pas Noémie, quand ça va bien aussi. Là ce qui se prépare en juin, c'est la fin de l'A.S.E.. Je n'ai pas envie qu'en juin, ça se termine comme ça, et que tu sois inquiète.
Inspectrice : Elle n'est pas inquiète ! Noémie, tu continues le suivi psy ou pas ?
Noémie : Non
Inspectrice : Pourquoi ?

Noémie : Parce que comme c'était presque les vacances, elle m'a dit c'est bon, on reprend à la rentrée. J'ai appelé, j'ai laissé un message, et elle ne m'a pas rappelée.
Inspectrice : Tu crois que je suis d'accord avec ça ? Tu n'en as plus besoin ?
Noémie : Non, je vais bien.
Inspectrice : T'en pensais quoi ?
Noémie : J'ai fait ce qu'il faut.
Inspectrice : Tu la voyais tous les combien ?
Noémie : Je ne sais plus, deux ou trois fois par mois.
Inspectrice : Alors, tu trouvais du temps pour aller voir ta psy, et là tu ne vas pas trouver de temps pour venir ici ?
Noémie : Oui mais l'année dernière je n'étais pas en bac pro.
Inspectrice : Vous en pensez quoi (l'inspectrice demande aux éducatrices)
Educatrice du foyer : je ne sais pas, si Noémie pense qu'elle n'en a plus besoin, on ne peut pas l'obliger à aller voir....
Noémie : Oui, en plus c'est moi qui ai voulu voir la psy.
Educatrice A.S.E: Oui, oui, c'est vrai mais ce qui est important c'est que si tu vois que ça ne va pas, que tu n'attendes pas que ce soit la catastrophe pour prendre contact avec elle, ou qu'on en parle ensemble.
(Suite de l'entretien)
Inspectrice : [*en s'adressant à l'éducatrice du foyer*] Mais tu as de l'argent de côté, moi je suis encore plus dure, pourquoi vous lui donnez de l'argent de poche ?
Educatrice du foyer : elle n'a pas son argent de poche, il est bloqué.
Inspectrice : Oui, mais....
Educatrice du foyer : Oui, mais ça c'est parce que c'est le foyer qui fonctionne comme ça. C'est le budget prévu pour le jeune majeur. Mais c'est vrai qu'il ne lui est pas donné.
Inspectrice : Oui mais on pourrait penser ne rien lui donner du tout. Je pense que l'argent de poche, à partir d'un moment, ce n'est pas forcément nécessaire surtout si les jeunes travaillent.
(…)
A la fin de l'entretien, l'inspectrice revient sur cette question de l'argent, elle s'adresse directement à Noémie :
Inspectrice : Je suis intransigeante, l'argent voilà tu n'avais pas à en avoir ! A partir du moment où tu travailles, il n'y a aucune raison que tu aies de l'argent de poche. L'argent de poche c'est fait pour les jeunes qui n'ont aucune ressource.

Quelques semaines plus tard, nous rencontrons Noémie pour un entretien. Nous lui demandons ce qu'elle pense de la restriction budgétaire imposée par l'A.S.E. :
> Je pense que ce n'est pas normal. Ils donnent 111€ à toutes les filles, mais moi je travaille en plus, ben, tant mieux pour moi. Et les autres, elles peuvent travailler en plus. Je ne trouve pas ça normal que les autres ils aient le droit de recevoir et pas moi.
> Noémie

Ces négociations sont racontées comme des expériences laborieuses, « *comme s'il s'agissait seulement de régler une espèce de contentieux moral* »[156]. Revendiquant une forme de dignité sociale, parce qu'ils ont conscience qu'ils échafaudent leur futur statut social, ces négociations sont fortes de sens pour ces enquêtés qui peuvent avoir l'impression, du fait de leur statut « d'enfant de l'A.S.E. », de subir une forme de déclassement[157]. Ne se sentant ni entendus ni reconnus « à leur juste valeur », elles peuvent les amener à se sentir disqualifiés par les professionnels. Les entretiens avec les inspecteurs sont pénibles pour eux car ils doivent reconnaître le besoin d'une aide éducative alors qu'ils essayent de s'en détacher. Il s'agit pour ces jeunes de négocier un statut éloigné des valeurs de l'assistance[158], et se dégagent de ces négociations une forme de fierté et un sentiment de mérite lorsqu'ils relatent leurs parcours et les choix qu'ils ont effectués. C'est par leur mérite et leur force de travail qu'ils accéderont à un statut souhaité.
> Un jeune que je connais est maintenant en fac de droit, il m'a dit « Ne les écoute pas, quand on a envie de faire un truc, il faut le faire ». Au final, je m'en sors plutôt bien je suis content de moi. Ils

---

[156] Nous retrouvons ces mêmes caractéristiques chez les assistés honteux, MESSU Michel, opus cit, 2009.

[157] Ces mêmes types d'interactions ont été observés entre les conseillers des missions locales et les jeunes en demande de formation. Ces derniers expriment vis-à-vis des conseillers une revendication de dignité sociale et ont la hantise d'être traités comme des demandeurs (BEAUD Stéphane, PIALOUX Michel, *Violences urbaines, violence sociale, Genèse des nouvelles classes dangereuses*, Fayard, 2003, 426p, p. 86).

[158] Noémie préfère ainsi une carte imagin'R que la carte de solidarité transport jugée trop stigmatisante pour se déplacer dans les transports en commun.

me l'ont dit dernièrement. Ils m'ont dit que j'avais eu bien fait de leur tenir tête. Tarik

Parce qu'aussi ma vie ne m'aidait pas non plus, et aujourd'hui, quand j'en croise certains, ben, ils entendent que j'ai un appartement, que je suis en train de passer mon permis, que j'ai un travail, et eux ils font rien, ils glandent. Ça c'est une bonne revanche, j'ai appris à... je me suis dit que maintenant pour avoir les choses, il faut les mériter... ça sert à rien de s'apitoyer sur son sort, de se plaindre... j'ai appris à être costaud dans la tête, c'est ça aussi. Si t'es pas costaud et au moindre truc t'es là, t'es fragile, ce n'est pas bon. Avec tout ce qui m'est arrivé, aujourd'hui, je suis bien blindé en fait. Je suis bien blindé aujourd'hui. J'ai plus peur de prendre des décisions... j'ai confiance aussi. Avant je ne l'avais pas, mais maintenant je l'ai, ça change tout ça. Donc voilà... mais bon, je suis content de mon parcours. Je suis content quand même parce que je n'étais pas amené à m'en sortir. Boris

Le départ

Ces jeunes ont un regard optimiste sur leur avenir. Portés par leurs ambitions de promotion sociale, ils aspirent à poursuivre leurs études à l'issue du C.J.M. pour accéder à des emplois qualifiés et à un statut social supérieur. Ils se projettent en résidence universitaire ou en F.J.T. et dans un travail leur permettant de subvenir à leurs besoins.

Et t'appréhendes pas l'après 21 ans ? Comment tu vas le préparer, tout ça ?
« *Après, je pense que je serai toujours à la fac, et puis ce serait d'aller en résidence universitaire, pour terminer mes études, en espérant que je sois encore en train de travailler. Voilà. Je pense que c'est comme ça que ça se passera si tout se passe bien.* Mathieu

Tant que le C.J.M. leur permet cette ascension sociale, ils espèrent signer des contrats jusqu'à leurs 21 ans. Tarik, lui, veut « *monter sa boîte, pour ne pas devenir un simple salarié* », il emménage dans son logement étudiant pour finir son B.T.S.. Il projette éventuellement de partir ensuite vers des pays étrangers. Mathieu, quant à lui, souhaite continuer ses études universitaires et se projette dans un logement étudiant à la fin de la prise en charge. Noémie ambitionne de devenir hôtesse de l'air. Leur départ, c'est d'abord quitter la collectivité, même si Noémie, Mathieu et Tarik expriment leur crainte ou leur difficulté d'être confrontés à la solitude. Comme dit Noémie qui vient d'emménager dans son F.J.T., « *Je me plaignais comme quoi il y avait du bruit, mais maintenant, je me sens seule* ». Ils aspirent tous à un logement et à une vie de famille, mais dans un plus long terme, l'important pour eux est de poursuivre avant tout leurs études. Noémie, Tarik et Mathieu sont tous les trois en train de passer leur permis, signe pour eux d'accès à une plus grande autonomie. Indépendants financièrement, prévoyants et confiants envers le système de l'A.S.E., ils ne craignent pas la fin de leur C.J.M. C'est ce que nous dit Noémie : « *Tout ce qu'ils veulent eux, c'est ta réussite* ». Quant aux foyers, ils disent qu'ils reviendront, peut-être, pour saluer les éducateurs mais surtout pour témoigner de leur réussite (Tarik parle de se rendre au foyer lorsqu'il aura sa voiture).

Que s'est-il passé pour Boris et Soraya, les deux anciens que nous avons rencontrés ? Lorsque son oncle lui propose un logement indépendant, Boris décide de quitter le studio de la structure Kirra à l'âge de 20 ans. Diplômé d'un CAP, ayant trouvé un emploi en CDI, il décide de saisir l'occasion pour accéder à une indépendance plutôt que d'aller vivre en F.J.T..

> *Euh... ben on a le droit jusqu'à 21 et moi je suis parti à 20. Parce que bon, au départ, eux, ils me proposaient après, d'aller dans un FJT, mais moi ça m'intéressait pas, je voulais avoir mon studio et parce que bon, je me disais que j'avais un CDI, je bossais, je venais d'avoir mon diplôme, et je vois pas pourquoi je pourrais pas trouver un studio. Et je me disais qu'il y a des gens qui font rien, et ils ont des aides et tout ça... les FJT, tu vois, j'ai visité et franchement, ça me plaît pas quoi. Je suis pas gourmand quoi, mais c'est... tu vas faire la cuisine on est 30, les douches ça va faire un délire bizarre, moi je n'aime pas trop.* <u>Boris</u>

Il revient de temps à autre rencontrer les éducateurs du foyer, car « *ils restent quand même à l'écoute, ils sont là. Si on a besoin de quelque chose, si on a besoin d'un renseignement, tout ça...* ». Soraya était en première année BEP commerce, en alternance, avant de quitter le foyer. L'exclusion du foyer suite à son voyage non autorisé, elle en a « gros sur le cœur » nous dira-t-elle. Ce voyage, c'était pour voir sa mère, c'était alors, nous dit-elle, sa priorité. Ainsi, elle ne comprend pas, « *alors qu'elle faisait des études, ne se droguait pas comme d'autres, qu'elle ait pu être renvoyée* ». Elle exprime le sentiment d'avoir été lâchée :

Au foyer, ils m'ont pas soutenue, c'était n'importe quoi, alors que quand les autres éducateurs, ils avaient voulu renvoyer mon frère et ma sœur au bled, c'était Monsieur X qui était intervenu, tard le soir, auprès des éducateurs pour pas qu'on les renvoie. Madame Y, elle, elle m'a laissé un message, même mon référent, il m'a dit, au foyer, ils ne veulent pas te garder, en fait, ils avaient tous des discours différents. Moi, je voulais partir du foyer, ce n'était pas un endroit pour moi, mais pas comme ça, mais je n'ai pas posé de problème, je ne comprends pas.
<u>Soraya</u>

Son C.J.M. a toutefois été maintenu, mais aucune aide financière ni matérielle ne lui est donnée pendant quatre mois, le temps qu'elle intègre une structure plus autonome. Quelques mois plus tard, elle ne vient pas aux entretiens avec les professionnels, elle est à nouveau exclue. Après quelques semaines de « galère », elle intègre un F.J.T. et obtient à nouveau un C.J.M. pour une durée de huit mois. Lors de ce dernier entretien, il lui est alors précisé qu'il n'y aura pas de renouvellement. Elle a arrêté ses études, suite à un conflit avec son employeur. Aujourd'hui, elle réside dans une résidence sociale et est à la recherche d'un emploi.
Elle ne vient plus au foyer mais a gardé des liens avec deux éducateurs qu'elle voit à l'extérieur du foyer.

IV/ Le reconnaissant

Neuf jeunes s'inscrivent dans cette catégorie dont quatre anciens.
Parmi les anciens, <u>Julie</u> a 19 ans, elle a été placée quelques mois après sa naissance. Elle a connu de nombreux placements (pouponnière, huit familles d'accueil, et de nombreux foyers). Elle a été placée à Belharra à 16 ans dans la structure collective. Elle met au monde un enfant à l'âge de 17 ans et est orientée en foyer maternel. Au moment de l'entretien, elle a quitté le centre maternel et vit à l'hôtel, financé par le service social. Elle a demandé un C.J.M. et est dans l'attente de la réponse. Elle ne travaille pas et perçoit l'A.P.I (Allocation parent isolé).
<u>Marie</u>, 23 ans, a été placée à 16 ans dans une famille d'accueil pendant une année. Elle intègre alors Kirra où elle a vécu dans un appartement partagé avant d'intégrer le studio de l'institution. Elle est en quatrième année d'études carrières juridiques dans un I.U.T. et perçoit une bourse étudiante. Elle réside dans un F.J.T..
<u>Muriel</u> a 23 ans. Elle a été placée à 8 ans et a vécu dans le même foyer jusqu'à l'âge de 18 ans, moment signant son retour chez ses parents. Quelques semaines plus tard, elle signe un C.J.M. et intègre Jaws où elle restera jusqu'à ses 21 ans. Elle a un niveau BEP et travaille aujourd'hui en C.D.I. dans l'administratif. Elle vit depuis son départ de Jaws dans un logement H.L.M..
Et enfin, <u>Corinne</u>, 25 ans, a été placée quelques mois après sa naissance en pouponnière. Elle a vécu en famille d'accueil jusqu'à l'âge de 13 ans, puis en foyer, et intègre Jaws à ses 18 ans. Diplômée A.M.P., elle a un emploi en CDI dans le social. Elle est célibataire et vit dans un logement autonome.
Parmi les jeunes majeurs, <u>Samuel</u> a 20 ans. Placé à l'âge de 17 ans, en tant que mineur étranger isolé, il est placé quelques mois en famille d'accueil avant d'intégrer Kirra où il vit en appartement partagé. Il fait des études de commerce dans un IUT et travaille à temps partiel dans un magasin. Il est en attente d'une carte de séjour.
<u>Sarah</u> a 19 ans. Elle a été placée à 16 ans dans une famille d'accueil et ensuite dans un foyer. L'A.S.E. cesse la prise en charge lorsqu'elle a 17 ans. Un mois après, elle est à nouveau prise en charge et intègre Belharra. Elle vit plus d'un an dans la structure collective et intègre l'appartement partagé. Elle prépare un bac professionnel de commerce.
<u>Jonathan</u> a 20 ans. Placé à 15 ans en foyer, il intègre à 18 ans une « chambre de bonne » à Jaws. Il a le niveau bac et est en formation en alternance Aide médico-psychologique.

> Anne est âgée de 18 ans. Elle est placée à 17 ans en tant que mineure étrangère isolée dans un foyer d'urgence et intègre Belharra à 18 ans, où elle vit dans la structure collective. Elle prépare un bac professionnel commerce. Elle ne travaille pas et est en attente d'une carte de séjour l'autorisant à rester sur le territoire français.
> Enfin, Myriam, placée à l'âge de deux ans, a vécu dans diverses institutions (pouponnières, familles d'accueil, foyers). Elle intègre Belharra à 16 ans, où elle vit dans la structure collective puis dans l'appartement partagé et enfin en F.J.T.. Diplômée d'un BEP Carrières sanitaires et sociales, elle a échoué à un concours d'aide-soignante. Elle s'engage alors dans une formation qualifiante pour garder des enfants à domicile

L'entrée dans le champ de l'assistance et parcours institutionnel

Qu'ils aient été placés très jeunes ou lors de leur adolescence, ils ont connaissance des raisons de leur placement. Ceux qui ont été placés à l'adolescence se souviennent précisément de leur premier placement. Sarah, qui justifie sa demande de placement par un besoin de liberté au début de l'entretien, fait part à plusieurs reprises « des mois de misère » qu'elle vivait avant d'être placée. Racontant ses multiples tentatives de suicide, justifiées en partie par le refus de ses parents de la voir quitter le domicile, l'entrée dans l'assistance est alors décrite comme un moment salvateur.

> *Oui, parce que moi j'ai été placée à 17 ans, c'est moi qui me suis fait placer, je n'ai pas perdu mes parents, je n'ai pas eu d'histoire voilà, c'est plus une envie de liberté, on va dire ça comme ça, enfin, je ne sais pas comment expliquer... pétage de plombs quoi... ça s'est accumulé et je suis partie de chez moi. Mais mes parents ils voulaient pas du tout, c'est vraiment d'arrache-pied. C'est vraiment au final... c'est presque... ça s'est presque fini par une tentative de suicide... j'en ai fait plusieurs donc euh... évidemment j'ai été placée après ça. Sarah*

Ce passage au statut d'assisté est décrit comme salutaire et providentiel, l'intervention de l'A.S.E. les protégeant d'une situation jugée anxiogène. C'est ce qu'explique Samuel, mineur isolé arrivé sur le territoire français depuis quelques mois, vivant « de débrouille » afin de subvenir à ses besoins. Agé de 17 ans, il se souvient précisément du jour de sa rencontre avec un travailleur social qui le met en lien avec des services de la Protection de l'enfance.

> « *Oui, et parfois on était au marché Saint-Jean. Il y avait un monsieur, tous les samedis qui venait faire ses courses. Et moi je l'aidais tout le temps, parce que c'était un monsieur un peu âgé et pour porter ses choses... je l'appelais François, il m'avait dit qu'il s'appelait François, je ne sais pas quel est son vrai nom. Et un jour il me dit « pourquoi tu ne vas pas à l'école ? » Et je lui dis « Parce que je ne peux pas aller à l'école », et j'ai été très malheureux ce jour-là en fait, après il m'a dit « Arrête de travailler, suis-moi ». On est partisi dans un bar, il m'a invité à prendre un café, non un chocolat chaud, et après on s'est mis à parler. Et en fait il était éducateur. Je lui ai expliqué un peu ma situation, comment je suis arrivé. Et il a tout compris. C'est grâce à lui, sinon, je serais encore dans la rue... C'est grâce à lui.*
> <u>Samuel</u>

La structure de semi-autonomie est une suite logique au placement en famille d'accueil ou en foyer. Reprenant les propos des travailleurs sociaux, ces jeunes s'accordent à souligner la nécessité de quitter le cadre collectif. Contrairement aux autres enquêtés, les mauvaises expériences qu'ils relatent dans certains lieux de placement restent de mauvais souvenirs sur lesquels ils ne s'attardent pas. Ces épreuves ne remettent pas en cause le système de l'A.S.E., mais leur responsabilité, interrogeant plutôt leurs « mauvais comportements », des « divergences de caractère » ou les doutes qu'ils pouvaient émettre quant à ce placement. L'entrée dans le champ de la protection de l'enfance se révèle alors comme une bifurcation biographique marquant la fin d'une condition misérable. Ils ont connaissance des faits objectifs de leur carrière de « jeune protégé », et ils mettent beaucoup de cohérence dans la manière dont ils la décrivent. Montrant une capacité réflexive sur les ruptures, ils tentent de raconter leur parcours sous l'auspice de la continuité. Le placement marque une rupture nette entre deux mondes, celui de leur enfance et de leur famille, et celui de l'assistance. Ils choisissent de se reconnaître dans ce dernier, de reconstruire leur identité à partir des valeurs et des normes de celui-ci, ils adhèrent à leur nouveau style de vie, à leur nouveau statut de « jeune protégé » ainsi qu'aux valeurs véhiculées par les travailleurs sociaux. A la différence des autres enquêtés, bénéficier de l'assistance est considéré comme une chance et une opportunité dont ils ont pris conscience et qu'ils doivent désormais mériter :

> *Je pense qu'il fallait que je touche le fond pour pouvoir remonter. Je n'avais pas conscience des choses que je pouvais obtenir ; de la chance que je pouvais avoir... Ouais, si je fais les choses pas correctement. La place elle est chère hein. La place elle est assez chère... l'inspectrice elle me l'a bien fait comprendre.* <u>Sarah</u>

Ils peuvent condamner d'autres jeunes pris en charge qui profitent du système de protection, qui leur font honte, reprenant sur un *« mode baroque ou pitoyable, les stéréotypes négatifs attribués à leur catégorie »*[159].

> *« Combien de fois j'ai vu les éducateurs, en crise de nerfs parce que les jeunes ne veulent pas écouter et ça les met en boule parce que justement ils aimeraient que le jeune arrive à s'en sortir et qu'ils peuvent rien faire. Moi j'étais un peu de leur côté, alors je leur disais, c'est un peu de la délation mais bon, je leur disais faites attention à celui-là ou à celui-là parce qu'on sent que la faille est proche et il vaut mieux le récupérer avant que après.* <u>Corinne</u>

Car l'assistance pour ces jeunes, ce n'est pas une honte. C'est notamment ce que disent les deux plus anciennes. L'A.S.E., les foyers, les éducateurs, c'est leur histoire, une partie de leur identité qu'ils revendiquent et dont ils se sentent fiers.

> *Moi, ma vie au foyer c'était Walt Disney. Je vivais très bien, j'étais entourée de personnes, des éducateurs qui s'occupaient de moi, on rigolait, on allait en vacances... C'était vraiment le paradis. C'était quelque chose pour moi de bénéfique. Je serais restée chez mes parents, je ne sais pas comment j'aurai tourné. Je remercierai toujours l'A.S.E..* <u>Corinne</u>

---

[159] GOFFMAN Erving, opus cit, 1977.

Ce n'est pas quelque chose que vous cachez spécialement par rapport à votre passage en foyer... ?
Non. J'ai même tendance à le dire très facilement parce que ça peut donner des déclics des fois à certaines personnes.

C'est-à-dire ?
Dans le sens où quand on est né avec une cuillère en argent dans la bouche, de se confronter à l'autre qui a été plus bas que terre ça peut faire ouvrir les yeux. Il y a certaines personnes, par rapport à leurs facilités qui ne comprennent ou ne ressentent pas ce que j'ai pu ressentir. Donc des fois de leur dire « moi j'ai vécu ça comme ça mais j'en sors encore plus fort et encore plus fière » et voilà... Des fois des gens qui ont les moyens vont se prendre la tête sur des trucs futiles. Je me dis que ça ne sert à rien de cacher ma vie et au contraire autant la faire partager et dire aux gens ce qu'il en est. Parce que c'est ce que je suis, parce que je n'ai pas peur de le dire, parce que... voilà c'est moi quoi ! Si on n'accepte pas ça, on n'accepte rien dans ce cas. Muriel

Le lien avec les professionnels

Même si les relations avec les éducateurs du foyer sont parfois conflictuelles, leurs discours sont plutôt positifs voire élogieux. C'est ce que nous dit Sarah lorsqu'elle intègre Belharra :

> Mais ce qui m'a beaucoup aidée au foyer, tu sais, c'est les pièces de théâtre. Parce que moi j'ai joué dans « Le petit chaperon vert », et j'ai joué dans « Roméo et Juliette », et à chaque fois, j'avais le rôle principal. Et je pense que c'est grâce aussi à ça que les éducateurs, ils ont vu mon évolution. Donc euh... ouais, je suis contente d'être tombée dans ce foyer-là, parce qu'il y a plein d'activités. Esthétique, coiffure, danse, théâtre, peinture... j'ai fait des tableaux... ben, même si c'est de l'abstrait, il y a plein de couleurs, je me suis éclatée quoi. Et ça, ça te relaxe, c'est un truc de malade. Et moi, ça m'a fait vraiment du bien quoi. Et moi je suis contente. Je suis vraiment contente. Franchement, chapeau pour le foyer. Sarah

Ils recherchent avant tout auprès des travailleurs sociaux un soutien moral et affectif. Et quel que soit l'âge du premier placement, ils font part d'un lien de dépendance aux éducateurs :

> *Après il y a les éducateurs, ça manque un peu. Parce qu'avant, ils passaient à la maison. On parlait un peu des cours. Ils ne sont plus là.*
> <u>Ca te manque l'encadrement ?</u>
> *Un peu. Dès qu'il y avait un truc, je leur en parlais. Je ne gardais pas tout au fond de moi.* <u>Marie</u>

> *J'adorais les éducateurs que ce soit au foyer ou ici, j'avais un lien très amical avec les éducateurs. Je les considérais vraiment pas comme des chefs mais plus comme mes amis seulement avec qui je pourrais me confier et leur dire ce que je ressentais de bien ou de pas bien et c'est ça qui est un peu génial avec ces gens-là c'est que on partage tout et puis si on leur fait vraiment confiance on réussit bien. Après si on est un peu dans la retenue, de pas leur faire confiance, de dire que c'est un peu nos chefs genre qu'ils sont là pour nous mettre des bâtons dans les roues, forcément le travail est moins bien et on se laisse pas faire et on n'avance pas et c'est le cas de certains jeunes.* <u>Corinne</u>

Nous relevons dans le discours de ces jeunes l'existence d'un lien particulier avec un professionnel de l'A.S.E. (inspecteur, éducateur A.S.E.) ou avec un juge.

> *Mais je n'en ai pas tellement de souvenirs en tant que terme « d'inspectrice », parce que je l'appelais par son prénom. On avait des liens, donc moi c'était plus par le prénom ou le nom que je l'appelais mais après c'est certainement elle puisque je lui écrivais des lettres.* <u>Muriel</u>

La particularité de celui-ci est, d'une part, d'avoir été présent au moment du premier placement, ou d'être intervenu assez tôt dans leur parcours institutionnel, et d'autre part, d'être resté référent de leur situation suffisamment longtemps pour témoigner de leur histoire et devenir un « fil rouge » de leur parcours. C'est ce que relate Sarah, qui connaît son éducatrice depuis le début de son placement, lorsqu'elle apprend que celle-ci doit quitter le service.

> *Je suis dégoûtée. Moi, j'aurais kiffé terminer mon placement avec mon éducatrice A.S.E. qui m'a supportée, qui me connaît. J'avais une très bonne relation avec elle, même si au début, elle ne m'a pas sacquée. Ça s'est bien terminé. Elle me l'a dit, elle m'a dit « Je préfère te voir dans cet état-là, je préfère partir et te voir comme tu es aujourd'hui que me dire que tu es toujours*

euh... dans une... dans un mauvais état ». Moi je sais qu'elle est fière de moi, et je suis contente, ça me fait plaisir. C'est une très bonne personne. Sarah

C'est également ce que signifie Samuel quand on l'interroge sur les liens avec les travailleurs sociaux de l'institution et ceux avec son éducatrice de l'A.S.E. qu'il connaît aussi depuis le début de son placement :
> <u>Est-ce que tu dis les mêmes choses à ces éducateurs ici qu'à des éducateurs A.S.E. ?</u>
> *En principe oui. Oui, je dis presque la même chose. Mais le truc, c'est qu'avec l'éducateur A.S.E., je suis avec elle depuis très longtemps, donc en gros, je ne sais pas, au début... je disais des trucs que je ne pourrais même pas dire même pas aux gens d'ici. A elle je peux.*
> <u>Parce qu'elle te connaît depuis longtemps ?</u>
> *Oui, depuis que je suis arrivé, c'est elle qui me soutient, qui s'occupe de moi, qui m'encadre, donc du coup, ben, je ne sais pas, je... en plus dans plusieurs situations elle a eu à me défendre... Mme X elle, elle ne voulait pas, donc elle prenait ma défense tout le temps...(...) Donc euh, franchement, je peux lui dire n'importe quoi, dès que j'ai un truc, que je n'ai jamais dit à ma mère, ou à ma grand-mère, à elle je vais lui dire. N'importe quoi, je vais lui dire.* Samuel

Ainsi, pour les jeunes, ce professionnel est celui qui soutient, protège, notamment en faisant valoir le chemin parcouru et leur histoire passée. C'est la figure à qui on peut tout dire ou presque, celle qui écoute, comprend, veille et prend soin ; cet autrui significatif « *capable de valider, conforter, reconnaître la nouvelle identité « latente » qui a pu commencer à se dire et qui devient, en quelque sorte, « resocialisée », susceptible d'être reconnue par un autre soi-même* »[160].

Nous avons assisté à la signature d'un contrat jeune majeur de Sarah. Elle a alors 20 ans et demi. Elle vient d'intégrer un F.J.T. et est toujours prise en charge par Belharra. Son éducatrice fait alors partie de l'A.S.E. et son Inspectrice a été également remplacée. Elle ne connaît donc aucun des professionnels de l'A.S.E.. Avant

---

[160] DUBARD Claude, *La crise des identités*, PUF, Paris, 2007, p.172.

l'entretien, elle se dit confiante quant à ses différentes demandes : être toujours suivie par Belharra, avoir une aide financière pour son permis de conduire. En effet, selon ses propos, son parcours scolaire et institutionnel chaotique, sa dépendance aux toxiques sont de l'histoire ancienne. Diplômée désormais d'un BEP, scolarisée en bac professionnel, elle se dit fière de son parcours. A la sortie de l'entretien qui a duré près d'une heure, aucune de ses demandes n'est acceptée. Son contrat est toutefois renouvelé jusqu'à ses 21 ans. Lorsque nous la questionnons sur cette expérience, elle nous dit : « *être écœurée, qu'elle s'attendait à être félicitée et qu'au lieu de ça, elle s'est sentie humiliée, aucun de ses efforts n'ayant été reconnu ou valorisé* ». Etre félicité, encouragé, soutenu, valorisé est capital pour ces jeunes, qui attendent une reconnaissance de la part de leur éducateur référent de l'A.S.E.. Ce qui ressort de l'analyse des entretiens de ces jeunes est leur besoin d'être accompagnés par des figures stables et d'être valorisés par ces professionnels sur leur chemin parcouru. Même s'ils relatent de mauvaises relations, ces dernières ne leur ont pas ôté la confiance qu'ils ont envers l'A.S.E. et les professionnels, ainsi que sur la pertinence de leur placement. Par crainte de montrer une mauvaise image d'eux-mêmes et pour s'assurer du renouvellement de leurs contrats, ils dissimulent certains faits à leur référent de l'A.S.E. :

> *Et tu lui disais tout ou pas ?*
> *Pas tout non. Ben, je vais pas lui dire que... même si elle le sait que... parce qu'elle le devine très bien... parce qu'en fait, je laisse un petit mystère... Je dis la vérité... enfin, je dis ce que je pense, mais je ne dis pas complètement. Parce que je n'ai pas... voilà, je n'ai pas l'audace de tout dire, et puis il y a des choses en fait... je vais baisser dans son estime ou voilà... il y a des choses, c'est personnel. Et malgré que ce soit mon éducatrice...*
> *C'est quoi par exemple les...*
> *Ben, mes relations avec les copains que j'ai eues au niveau de la drogue, ... des choses comme ça. Je disais que j'allais bien des fois, alors que j'allais mal quoi. Mais je faisais la comédie au téléphone en fait... Et quand je faisais ça, ça me poussait à faire les choses bien en fait. Parce que je me disais « Oh là, là, Sarah, t'abuses, qu'est-ce que t'as raconté... Si tu ne fais pas comme ce que t'as dit au téléphone, t'es dans la merde ». En fait, les inconvénients qui deviennent des avantages... qui se mettent au*

> *positif. Non, je crois que ça m'a... ouais, ça m'a bien redressée.*
> Sarah

C'est aussi ce que raconte Myriam qui dit avoir dépensé toutes ses économies pour acheter un scooter malgré l'interdiction qui lui a été faite. Cela l'oblige à organiser tout un système de transfert d'argent avec sa sœur parce qu'elle doit prouver son épargne chaque mois à l'inspectrice (en montrant ses relevés de compte en banque). Ou encore Jonathan qui tait les bonnes relations avec ses parents de crainte que son contrat ne s'arrête :

> *Et les relations avec mes parents, c'est des arguments que je ne dis pas trop, parce que si ça se passe trop bien, c'est ça le problème à l'A.S.E., parce que si tout va bien, c'est que tu n'en as pas vraiment besoin.* Jonathan

Alors que les « détachés » sont tentés de négocier avec les professionnels, ces jeunes usent de stratégies de dissimulation afin d'éviter les conflits que peuvent amener les négociations. Ces jeunes se sentent ainsi reconnaissants et redevables de l'aide qui leur a été apportée. Ainsi, ils dissimulent certains faits et certains comportements qui pourraient nuire à « la bonne image » qu'ils veulent renvoyer aux professionnels, et aux renouvellements de contrat. Ils ont acquis ainsi une intelligence du système[161], n'hésitant pas à solliciter les travailleurs sociaux et à anticiper leurs attentes. Ils expliquent ainsi avoir compris que le C.J.M. ne peut pas se rompre à cause de mauvais résultats mais en raison de mauvais comportements.

Le réseau

Le réseau amical extérieur est beaucoup plus restreint lorsque nous comparons les discours des autres enquêtés ; en tout cas, ils n'en parlent pas. Ils ont quelques amis, souvent rencontrés sur un lieu de placement. D'ailleurs, Samuel explique la séparation avec ses amis d'enfance avec qui il a migré. Lorsque lui décide de rester sur le territoire français, ses amis partent : « *Je suis arrivé avec*

---

[161] MESSU Michel, opus cit, 2009, p. 86.

mes amis. Et après, ils ont dit qu'ils n'aimaient pas la France, ils se sont barrés».

Ils parlent peu de leur famille, soit parce que celle-ci ne vit pas sur le territoire français, soit parce que les liens sont considérés comme trop déstructurés. Ils portent un regard négatif voire honteux sur leur environnement familial. Comme il a été dit précédemment, ils choisissent de s'identifier davantage aux valeurs véhiculées par les travailleurs sociaux qu'à celles transmises par leurs familles. Ils cherchent à s'identifier à des professionnels qu'ils ont rencontrés, et par exemple, souhaitent exercer un métier dans le secteur médico-social :

> *Donc c'est les éducateurs qui m'ont donné cette envie aussi d'aider les autres parce qu'ils m'avaient aidée, parce qu'ils m'avaient donné entre guillemets ma chance et je me suis dit qu'il faut que je donne ma chance aussi aux autres de pouvoir être ce qu'ils veulent être.* <u>Corinne</u>

Le cadre contractuel

Lorsqu'ils deviennent jeunes majeurs, la logique contractuelle et la durée des contrats ne sont pas remises en cause. Ils acceptent le cadre même si certains admettent qu'il est contraignant : « *On grandit un peu trop vite et ne pas avoir eu le temps de faire des choses normales, d'être une ado.* ». La durée est un challenge qui les pousse à se mobiliser :

> *Donc euh... moi le premier contrat jeune majeur que j'ai fait, c'était un contrat de trois mois, alors que normalement, c'est un an. Et euh... donc ils m'ont dit, ce n'était pas presque une menace, mais c'était pour me faire peur et pour que je me remette sur pied, donc c'était trois mois en trois mois pour que je trouve euh... parce que je n'avais pas encore de projet professionnel. Donc c'est là où j'ai enchaîné le BAFA, le BEP etc. Mais c'est plus le BEP en fait et dès que... même, enfin, un petit exemple comme ça ; dès que j'ai commencé le BEP, ben en fait, même mon éducatrice A.S.E. qui pensait pas que j'étais comme ça, parce qu'elle avait une image de moi, la directrice de l'A.S.E. et puis ma directrice, enfin, mon éducatrice, elles*

> *avaient une image de moi vraiment négative, archi-négative. Et dès qu'elles ont vu que je m'accrochais, elles m'ont donné en exemple, et ça, ça m'a fait rire.*
> <u>*Et toi, tu en pensais quoi, de ces contrats courts ?*</u>
> *Moi, c'est bien, ça me motive au moins, sinon, j'aurais pu faire n'importe quoi et au dernier moment bouger ou bien voilà.*
> <u>*Ce qui te motivait c'est que tu devais rendre des comptes ?*</u>
> *Ben oui, déjà parce que je devais rendre des comptes et après c'est avoir la garantie de poursuivre le contrat.* <u>Sarah</u>

Lorsque les professionnels abordent une éventuelle fin de C.J.M., ces jeunes approuvent ces propos, les considérant comme une mise en garde de la réalité qui les attend à la sortie du foyer. Ainsi, Anne, qui s'entend dire à la première signature de C.J.M. que le renouvellement du contrat dépendra de la délivrance de sa carte de séjour, ne manifeste aucune colère :

> <u>*Tu crois que l'inspecteur il t'a dit ça pour te faire peur ?*</u>
> *Non, il a dit ça devant les éducateurs, ce n'était pas pour me faire peur. Ce n'est pas moi qui vais faire mes démarches, c'était pour me préparer, pour que je sois prévenue.* <u>Anne</u>

Les changements d'orientation, même lorsque ceux-ci les ont contraints à « revoir à la baisse » leurs ambitions, n'entraînent pas de remise en cause du système de la Protection de l'enfance.

> *Ce n'est pas ce que je voulais faire avant. Je voulais faire géopolitique, et... j'étais très fort en géographie quand j'étais en terminale et ça m'étaiti resté, je m'étais dit « Ouais, plus tard, je vais faire de la géopolitique j'ai discuté avec une conseillère d'orientation qui m'a dit «moi je ... c'est une suggestion, je vous conseille plutôt de faire un métier, une formation dans le commerce, comme technico-commercial, je sais pas trop, parce que c'est bien beau de vouloir faire ce qu'on aime, mais si plus tard vous trouvez pas de taf, comment vous allez faire ? » Voilà, c'est ce qu'elle essayait de me dire la conseillère. Elle m'a montré à peu près toutes les ouvertures que j'ai dans le commerce et elle m'a dit « De toute façon, s'il y a pas de boulot, vous pouvez être vendeur quelque part, vous pouvez être vendeur et ça va passer, alors que si vous faites vos études de géopolitique, déjà il va vous falloir de très très longues études, et à la suite, vous êtes pas sûr de trouver un boulot de suite ». Et elle m'a dit : « Des boulots en géopolitique c'est tellement plus*

> *aléatoire que finalement, ce que je trouve, ce que vous pouvez faire c'est de l'enseignement, et l'enseignement, vous n'êtes pas français, ça sera un peu compliqué pour vous ben... Bref, elle m'a montré tout ce qui est négatif en géopolitique.* <u>Samuel</u>

Leur rapport à l'insertion

Hormis Samuel qui travaille à mi-temps, les jeunes encore placés de cette catégorie ne travaillent pas et tous dépendent financièrement des allocations versées par le foyer. Parmi les « anciens », Marie dépend d'une bourse étudiante et Julie des allocations familiales. Ils sont éloignés du marché de l'emploi, dans le sens où ils ne se projettent pas dans un statut de travailleur. Même Marie, qui réside dans un F.J.T. et ne peut compter que sur elle-même, retarde cette entrée dans le monde du travail :

> *Je suis en paradoxe dans ma tête. Normalement, je dois terminer l'année prochaine, mais je n'ai pas hâte d'aller dans la vie active. Je voudrais continuer d'aller en cours. Et ceux qui continuent c'est plus pour être professeur, et moi ça me plaît pas trop. Peut-être plus tard. Tout de suite, non. Mais, je pense que je vais aller dans la vie active, je suis bien obligée, mais j'ai une appréhension.* <u>Marie</u>

Retardant cette entrée dans le monde du travail, ils projettent à l'issue du C.J.M. de pouvoir bénéficier d'autres aides, notamment la bourse étudiante. Ceux qui ont été placés pendant leur adolescence ont vécu des ruptures scolaires avant leur placement et expliquent avoir repris une scolarité depuis l'intervention de l'A.S.E.. C'est ce qu'explique Samuel qui a été dans l'obligation d'arrêter ses études lors de son arrivée sur le territoire français :

> *Oui, mais j'avais trop du mal. Je ne savais pas... mais c'est parce que j'ai dû bosser comme un fou pour y arriver. On me disait que je n'avais pas de méthode, que j'avais des idées mais aucune méthode. Et donc, on m'a conseillé de travailler la méthode, d'être plus... pfff, c'était dur... Parfois je passais des nuits blanches à réviser, à savoir ce que c'est la méthode déjà, parce que je captais que dalle à ce qu'on me racontait.* <u>Samuel</u>

Sarah, pareillement, a été déscolarisée pendant plusieurs années et a pu depuis son placement entreprendre un BEP commerce en formation accélérée, lui permettant aujourd'hui d'envisager un bac professionnel :

> *Je vais travailler à fond. Et comme je déteste être la dernière de la classe, ça c'est un truc que je ne supporte pas. Je l'ai vécu pendant deux ans, et non, je ne pourrai pas supporter encore quoi. Attends, en collège, j'étais première de la classe. Je ne peux pas ! C'est une question de fierté, je ne peux pas !* <u>Sarah</u>

Enfin, c'est aussi ce que nous relate Marie qui a pu s'inscrire dans un cursus de carrière juridique, projet qu'elle avait abandonné lorsqu'elle était encore dans sa famille. Ils ont un rapport à leur scolarité différent de celui des autres enquêtés. Comme les « détachés », les études et le diplôme auquel ils aspirent leur permettront d'accéder à un statut social qu'ils jugent valorisant. Mais pour eux, l'accès à un diplôme est considéré avant tout comme une « bouée de sauvetage » qui leur évitera de retomber dans leur condition antérieure au placement qu'ils jugent honteuse. S'engage alors une forme de lutte pour la réussite.

Le départ

Ce sont les jeunes les plus accessibles après leur départ car ils sont toujours en lien avec les foyers. Par ailleurs, ils acceptent de parler de leur histoire institutionnelle. Comme le dit Muriel lorsque nous lui demandons pourquoi elle a accepté l'entretien : « *Je n'ai pas honte de mon parcours, l'A.S.E. c'est mon histoire, ma famille* ». Attachés aux professionnels, ces jeunes reviennent dans l'institution, surtout les premiers mois après la fin du C.J.M. pour des aides administratives, mais aussi pour se sentir moins isolés. L'A.S.E. est une partie de leur histoire, ce qui légitime leur retour après leur prise en charge : « *J'y ai passé une partie de ma vie, c'est normal que j'y retourne.* » *(*Jonathan). Bien qu'ils témoignent avoir profité d'une autonomie progressive lors de leur placement et de bénéficier d'une sécurité matérielle et financière au moment de leur départ, ils ont dû affronter toutefois la solitude :

> *Ca a été vraiment très dur pour moi. J'étais vraiment toute seule. Il y a toujours un lien, ils me disaient « on sera toujours là, tu pourras venir nous voir... ».*
> *Mais c'est carrément autre chose, c'est vraiment sentir son mal-être. Quand je suis arrivée dans mon appartement j'ai commencé à pleurer parce que je n'étais vraiment pas bien. Moi ça me tenait à cœur de rester à l'A.S.E....c'était spécial, vraiment...*
> <u>*Vous étiez attachée au service et à l'A.S.E. c'est ça ?*</u>
> *À l'A.S.E. j'avais mon contact avec mon éducatrice A.S.E. mais tout ce qui entourait tout ça c'est-à-dire les foyers et la suite. (...) Je pense que c'est parce que j'ai été placée très jeune. J'ai été placée, je devais avoir 8 ans, en foyer d'urgence au départ, mais depuis ce temps je n'ai jamais quitté cette structure... enfin les éducateurs et tout ça. Donc le fait de partir comme ça... je n'étais pas bien parce que je savais que c'était terminé. Pour moi c'était plus que ça, qu'un endroit comme ça... c'était ma maison, un endroit que je connaissais. Alors que là j'étais vraiment dans l'inconnu. A Jaws, on est autonomes mais on n'est pas seuls. Quand je suis partie je ne savais pas vraiment ce que c'était de vivre toute seule, d'être locataire.* <u>Muriel</u>

Nous avons eu des nouvelles de Sarah un an plus tard. Elle a quitté Belharra et a intégré un F.J.T., bénéficie toujours d'un C.J.M. et poursuit son bac professionnel. Elle ne travaille pas. Myriam, quant à elle, a signé un C.J.M. jusqu'à ses 21 ans. Elle a obtenu une qualification de garde d'enfant à domicile et a travaillé plusieurs mois chez une famille. Aujourd'hui, elle ne travaille plus et perçoit les Assedic. Elle a emménagé dans un autre F.J.T..
Parmi les anciens, nous avons revu Julie avant la fin de cette étude. Avant le terme de sa grossesse, elle a quitté Belharra pour intégrer un foyer maternel. Elle n'a pas obtenu son C.J.M.. Son parcours est depuis ponctué d'aller- retour entre les foyers maternels, hôtels et le logement de ses beaux-parents où vit le père de son enfant. Elle a commencé une formation pour obtenir un diplôme d'aide aux enfants qu'elle ne terminera pas. Elle a mis au monde un second enfant. Anne, que nous avons rencontrée peu de temps avant la fin de cette étude, est toujours placée à Belharra.

V/ Le dévalorisé

Tous sont encore placés au moment de l'entretien mais nous avons pu revoir quatre des jeunes, plusieurs mois plus tard, dont trois qui ne bénéficiaient plus de C.J.M..
Ninon a plus de 20 ans. Placée dans l'année de ses 18 ans, elle n'a connu qu'une seule structure, Belharra. Après avoir vécu une année dans la structure collective, elle intègre l'appartement partagé. A 20 ans, elle part en F.J.T., tout en continuant de bénéficier d'un C.J.M. Elle est en attente du renouvellement de sa carte de séjour. Elle a le niveau baccalauréat et travaille depuis quelques mois comme auxiliaire de vie au domicile de personnes âgées. Elle a échoué à plusieurs concours d'aide-soignante.
Zouina a 19 ans. Placée à l'âge de 15 ans, elle a connu de nombreuses structures avant d'intégrer Belharra où elle vit durant quatre années dans la structure collective. Diplômée d'un BEP sanitaire et social, elle travaille dans un parc de loisirs en tant qu'intérimaire et prépare parallèlement le concours d'auxiliaire de puériculture.
Rémi est âgé de 20 ans. Placé à l'âge de 7 ans, il a vécu dans diverses structures (famille d'accueil, foyer, lieu de vie). Après un passage en F.J.T. à ses 18 ans, il intègre une « chambre de bonne » à Jaws. Il a arrêté ses études en première et garde des enfants quelques heures par semaine.
Jeanne a 20 ans. Elle a été placée à l'âge de 16 ans à Belharra. Après deux années passées dans la structure collective, elle intègre l'appartement partagé où elle vit jusqu'à ses 20 ans. Elle vient d'intégrer un F.J.T. et est toujours prise en charge par Belharra au moment de l'entretien. Elle a le niveau baccalauréat et est en formation accélérée pour obtenir un CAP petite enfance. Elle ne travaille pas.
Zoé a 19 ans. Elle vient également d'emménager dans un F.J.T. et est toujours prise en charge par le foyer Belharra où elle a vécu durant quatre années. Elle a vécu près de trois années dans la structure collective avant d'intégrer la structure appartement. Déscolarisée durant plusieurs années, elle a fait plusieurs formations et a obtenu une qualification pour travailler auprès de personnes âgées. Elle est à la recherche d'un emploi.

L'entrée dans le champ de l'assistance

A contrario des autres types d'expériences, ces jeunes expliquent ne pas avoir été à l'initiative de leur placement. Soit parce que celui-ci s'est passé au moment de l'enfance, soit parce qu'il leur a été imposé. Le placement revêt pour eux un caractère fataliste et s'avère avoir été le seul choix possible.

> *J'avais 18 ans et demi, même pas 19 ans quoi. Et on pouvait plus me donner d'autre contrat à part un contrat jeune majeur parce que je n'avais pas d'autres ressources, je n'avais pas de travail, j'avais rien. Je me suis vraiment retrouvée dans la rue sans rien quoi.* Ninon

Ce sont d'autres acteurs qui ont été à l'initiative du signalement, excepté Zouina et Zoé[162]. L'impression de se soumettre aux institutions et à un système éprouvant faute d'autres solution, est récurrente dans leurs discours :

> *Enfin, c'est le système, moi je ne l'aime pas le système. On préfère aller voir des petits gamins de 12 ans comme moi quand j'étais petit, les faire manger à Mc Donald, leur demander si tout va bien alors que ça sert à rien, parce que finalement on s'en fiche grosso modo, parce que si le gamin il dit « Non, ça va pas », qu'est-ce qu'ils vont faire, ils vont rien faire, parce qu'ils ne veulent pas changer les choses. Ils vont dire « On t'a violé ? », « Non », « On t'a frappé ? », « Non », « Bon, alors de quoi tu te plains ! ». Donc ça ne sert à rien de prendre du temps avec des gens si quand ils disent la vérité, on s'en fiche.* Rémi

Ils racontent l'apparition d'un événement déclencheur qui a précipité leur placement, mais ils ne se sont pas approprié le processus menant au placement. Une forme de fatalité imprègne leur discours, qui les empêche de rêver et de croire à un avenir possible :

> *Qu'est-ce qui faisait que je ne bougeais pas, c'est que j'avais la peur même, enfin, j'avais repris un peu confiance en moi, mais j'avais peur de m'investir par peur que le projet il va rater. C'est ça en fait. Peur de chercher du travail, parce qu'à l'avance, je sais que je ne vais pas l'avoir.*

---

[162] Zouina, à ses 18 ans, explique son souhait de retourner au domicile familial. Finalement, lors d'un entretien, elle se soumet à la proposition de la juge pour enfants : *Parce que je voulais rentrer chez moi, et puis la juge elle m'a dit qu'il ne fallait pas que je rentre chez moi, alors après, je l'ai fait quand même (*signer le C.J.M). Zouina

> *Tu t'avoues vaincu à l'avance, c'est ça ?*
> *C'est ça. Je suis fataliste un peu, comme un russe.*
> <u>*Comme un Russe ? Parce que les Russes ils sont fatalistes ?*</u>
> *Ah, carrément ouais.*
> <u>*Tu connais des Russes pour dire ça ?*</u>
> *J'en connais personnellement vite fait, mais par rapport aux bouquins, genre, Dostoïevski, enfin, ils ont quand même cet esprit, ils ont connu l'URSS, ils ont connu les tsars, enfin, il y a rien à faire, c'est l'administration, on aura une vie de merde...* <u>Rémi</u>

Le parcours institutionnel

Ce discours résigné et cette impression d'être ou d'avoir été l'objet des institutions sont constants lorsqu'ils retracent leur parcours institutionnel :

> *Ben je ne sais pas, quand, les changements de foyer, c'est des décisions qu'on a prises pour moi, même si moi j'étais d'accord, eux aussi, ils ont pris une décision pour moi, donc, c'est pas des grandes décisions, ce n'est pas des trucs qui vont changer ma vie, on va dire, je ne sais pas comment expliquer, je ne sais pas comment dire ça.* <u>Zouina</u>

Et à la différence des autres jeunes, le souvenir de certains foyers et de la vie en collectivité est souvent relaté comme une expérience pénible :

> *En collectivité, non, vraiment, faut avoir le cœur, parce que ...moi déjà, on me dit je suis râleuse... je ne suis pas râleuse. Moi, je dis je ne suis pas râleuse parce que je n'aime pas la saleté, j'ai horreur de la saleté. Et maintenant, il faut que je m'adapte aux autres filles aussi, je sais. Elles laissent un peu tout partout comme ça, et je ne supporte pas, les toilettes, je n'aime pas que ça soit sale, parce que c'est horrible. Je n'aime pas m'attraper des maladies, que je ne sais même pas d'où ça vient. Dernièrement, on m'a donné des médicaments là, parce que j'avais beaucoup de muqueuses, et je ne sais pas ça venait d'où... et depuis là, j'ai trop peur des toilettes, je n'aime pas attraper des maladies... les toilettes, et tout est sale, parce qu'ici, tout le monde vient tout ça, et ils sont pris dans leur tête par les médicaments qu'ils prennent... dans la tête ça tourne, et*

> *personne tient compte de la saleté de la maison. Il y a les autres qui fument... voilà quoi.* <u>Ninon</u>

De même, les changements de structures, subis plutôt que souhaités, sont racontés comme des épreuves difficiles. Rémi est orienté à 18 ans dans un F.J.T., passage qu'il vit comme une rupture dans son parcours, rapportant l'isolement et le manque de soutien éducatif qu'il a éprouvés.

> *Après, il y a tous les cas sociaux dans les foyers, t'as pas d'intimité. C'est-à-dire que les gens ils te voient, c'est un foyer de jeunes travailleurs, tous les travailleurs ils sont là, tous les jeunes plutôt, parce qu'il y a plus de jeunes que de travailleurs... tous les jeunes ils sont là « Oh, qu'est-ce que tu fais, vas-y, je viens chez toi, je ramène le shit, de la weed, de l'alcool », toujours du n'importe quoi, t'as jamais de répit, c'est impossible. Alors tu les vois à la cantine, tu les vois sur l'ordinateur, tu les vois partout, tu les vois dans le couloir, ils toquent à ta porte à n'importe quelle heure. On dirait qu'il y a pas de norme [...] Tu ne sais pas comment c'est la normalité en fait, en termes de contrat jeune majeur. Nous on ne connaît aucun jeune majeur, on ne sait pas ce que c'est la normalité. Donc nous, on nous dit « La normalité c'est le foyer de jeunes travailleurs », on prend la normalité comme ça quoi, on... d'accord, on est content et tout, on va au foyer de jeunes travailleurs. En fait, ce n'est pas ça qu'il faut à un jeune. Il faut être jeune travailleur. Déjà, c'est quoi le nom « Foyer de jeunes travailleurs », c'est pour les jeunes travailleurs, les gens qui travaillent. Moi j'étais encore scolarisé, on m'a mis dans un truc qui n'était pas adapté.* <u>Rémi</u>

Ils racontent les différentes décisions qui ont été prises pour eux sans qu'ils aient pu intervenir, leur donnant l'impression d'avoir été des « paquets », des « pions » que l'on déplace d'un lieu à un autre contre leur volonté. Et s'ils peuvent reconnaître que le placement en institution leur a permis des conditions de vie stables et une protection face à leur famille, la crainte de tomber dans une grande précarité à l'issue du placement est constante dans leurs discours.

> *Ce qui me fait le plus peur c'est être à la rue.*
> *C'est une grosse crainte pour toi, mais si tu finis ta formation et que tu trouves un emploi ?*
> *On peut avoir un emploi et ne pas trouver de logement non plus.*
> Jeanne

Leurs parcours sont racontés sont la forme de la discontinuité, marqués par des ruptures et des événements non expliqués (le premier placement, le changement de structure, d'éducateurs référents), sans mise en cohérence de leur carrière de « jeune protégé ». Ils ont l'impression d'avoir été trahis. Leurs discours sont empreints d'exemples de jeunes anciennement placés et aujourd'hui sans domicile. Ces références, complétées par leurs mauvaises expériences, hantent leur présent et leur font craindre l'avenir. Ils signent un C.J.M. avec la volonté de rester en relation et de ne pas être isolés.

Le cadre contractuel

Ils expriment une crainte d'être « lâchés » par les institutions de la protection de l'enfance lors de leur passage à la majorité :
> *Et tu te souviens comment ça t'a été présenté le contrat jeune majeur après tes 18 ans ?*
> *J'avais peur.*
> *T'avais peur ? De quoi ?*
> *Ouais. J'avais peur de... je ne sais pas quoi, c'est maintenant j'ai 18 ans, ils vont me lâcher. On ne m'a pas dit que j'aurais un contrat jeune majeur à tous les coups. On m'a dit « Toi tu l'auras pas, t'as trop des mauvaises notes, t'es trop un glandeur.* Rémi

Ainsi, le C.J.M., c'est surtout pour s'assurer la continuité de la prise en charge. Le contenu prend la forme d'un « pseudo projet », il s'agit avant tout de « sauver la face » et d'accepter, sans négocier, les conditions d'obtention de ce contrat :
> *Et ça, tu te souviens du contrat jeune majeur, au moment où tu l'as signé, parce que tu dis que c'est un souvenir où t'as dû signer comme ça... du premier contrat jeune majeur à tes 18 ans.*

> *On m'a dit de mettre deux, trois conditions, j'ai mis aller jusqu'au lycée, aller jusqu'au bac. Voilà, j'ai mis des conditions comme ça à l'arrache. On m'a dit « T'en mets trois », j'en ai mis trois. Et puis voilà, et je n'ai jamais respecté aucune condition malheureusement (...) Après, il fallait que je reprenne un projet, mais sans trop de cœur quoi, je me dis que je fais ça pour l'inspectrice quoi, genre je fais un projet, je vais essayer de monter un truc, je vais essayer de m'investir là-dedans, on s'en fout si on aime ou si on n'aime pas. Un métier, c'est un métier, voilà, je me suis pas posé la question, c'est pour gagner de l'argent, c'est pour vivre, pour survivre... Et donc j'ai fait ça, je me suis lancé dans moniteur éducateur pour faire semblant d'avoir un projet en fait.* Rémi

Ils ont un rapport équivoque à l'injonction d'autonomie telle qu'elle est formulée dans le cadre du C.J.M. et réinterrogent cette notion au regard de la solidarité.

> *Même quelqu'un qui travaille il n'est pas autonome, il a besoin de la société, il a besoin des gens pour s'acheter des barquettes, ce n'est pas lui qui les fabrique, il a besoin de s'acheter sa bouffe, on n'est jamais autonome.* Rémi

Le cadre contractuel est vécu comme une contrainte qui ne leur permet pas d'envisager un avenir positif.

> *Voilà, ça t'empêche de te projeter, pas dans un truc positif ou négatif, mais ça t'empêche de créer un projet, de créer quelque chose, ça te laisse dans une espèce d'inertie, d'attente, de peur qui t'empêche de tout faire, parce que tu te dis... Enfin, quand on fait quelque chose, normalement, c'est pour le remporter, mais là on sait que c'est pour rien avoir, on sait qu'on n'aura rien. Enfin, on croit savoir qu'on n'aura rien, on nous transmet l'info qu'on n'aura rien, donc ça démoralise. Ça ne donne pas envie de faire quelque chose, ça ne donne pas envie de faire un projet, ça ne donne pas envie de réfléchir clairement.* Rémi

Toutefois, tout comme les « reconnaissants », ils ont acquis une intelligence du système[163]. Ils n'hésitent pas non plus à solliciter les professionnels, adoptent les « bons comportements » au sein de la structure d'accueil et s'approprient leurs codes. Ils ont appris les

---

[163] MESSU Michel, opus cit, 2009, p. 86.

limites et le cadre du C.J.M.. Faire valoir sa bonne volonté, montrer son adhésion est pour eux une attitude suffisante pour s'assurer du renouvellement des contrats.

Donc t'es assez confiante sur les renouvellements du contrat ?
Ah, pour moi ouais. Parce qu'euh... je ne sais pas, je ne fais pas de conneries... Parce qu'il y a deux ans et demi, quand je suis arrivée, je faisais trop de conneries... Je sortais jusqu'à des heures pas possibles, je foutais la merde. Et, je ne sais pas... du jour au lendemain, j'ai arrêté. Donc euh... pour les contrats, je n'ai pas de soucis. Ce n'est pas comme si j'étais... je ne sais pas... je fais ce que je peux faire. Je ne peux pas faire plus que ce que je peux faire...
Donc, tu penses, par rapport au renouvellement, ça dépend de quoi ?
Ben, ça dépend si j'ai une éducatrice, si je n'ai pas d'éducatrice, si j'ai trouvé un autre truc, si je n'ai pas trouvé un autre truc. Ça dépend de tout ça. Je ne vais pas partir d'ici pour aller dehors.
Zouina

Le lien avec les professionnels

Ils sont très présents au sein des structures d'accueil et ils sont en contact quotidien avec les éducateurs, ils participent aux fêtes et aux réunions du foyer. Comme les « reconnaissants », ils expriment un rapport de dépendance avec les professionnels. Mais là où les « reconnaissants » sont clairement élogieux et se disent attachés aux personnes qui les entourent, les « dévalorisés » manifestent eux leur attachement de façon plus équivoque. Ainsi, si leurs discours sont empreints de termes affectueux à l'égard des travailleurs sociaux, ils rapportent en même temps les mauvaises expériences qu'ils ont vécues depuis leur placement. Ils dénoncent ainsi les mauvaises orientations et décisions à leur encontre, exposent l'image dévalorisante dont ils ont été l'objet (Rémi dit avoir été considéré comme un mauvais élève, Ninon, une râleuse, Zoé une toxico). Ces critiques se réfèrent en général à l'institution dans son ensemble (l'A.S.E.). Recherchant avant tout une forme d'authenticité dans les échanges, n'hésitant pas à exprimer leur mécontentement aux professionnels, la relation est parfois conflictuelle.

Tu la connaissais déjà ?
Non je ne la connaissais pas. Moi, je ne sais pas pourquoi, j'ai jamais le même inspecteur, c'est des inspecteurs intérimaires je crois. C'est jamais les mêmes, les mecs, ils sont là en intérim, ils font une mission... c'est dérisoire quoi. C'est carrément abusé, l'inspecteur, le mec qui décide de ta vie, t'es une mission pour lui. T'es une mission d'intérim, ça veut dire que ton dossier, il l'a épluché vite fait, après il se prononce vite fait sur ton sort. Ça joue ta vie ! Et pour lui, c'est une mission d'intérim ! Rien que ça c'est... t'es là tu... c'est dingue quand même ! On ne peut pas faire ça avec les gens ! Il faut un éducateur référent, un inspecteur référent, au minimum, pour que le gars, au bout de... tu passes 12 ans dans l'administration française en tant que foyer... et il y a pas un gars qui est chargé de te suivre, c'est toujours un nouveau gars, avec un nouveau rapport, nouveau dossier, nouveaux éducateurs, nouveau foyer... aucune construction en fait. C'est au jour le jour, on essaie de faire et jusqu'au jour où t'as 21 ans et là c'est ton problème. Moi je le vis comme ça. <u>Rémi</u>

Zouina exprime également la difficulté pour elle de changer de référent A.S.E.. Chaque rencontre avec un nouveau professionnel l'oblige en effet à livrer son histoire.

Observation d'une signature de contrat jeune majeur. Sont présents la nouvelle inspectrice de l'A.S.E., et la nouvelle éducatrice de l'A.S.E., l'éducatrice du foyer, la jeune majeure Zouina

<u>L'éducatrice A.S.E.</u> : Oui, mais madame X m'a fait savoir que tu ne l'appelais jamais *(en parlant de l'ancienne éducatrice A.S.E.)*.
<u>Zouina</u> : Non, mais elle était jamais là.
<u>L'éducatrice A.S.E.</u> ; Tu peux laisser un message.
(La jeune ne répond pas)
<u>L'éducatrice A.S.E.</u> : Bien, il faudra désormais que tu me téléphones, tu as mes coordonnées, c'est à toi de faire la démarche, et puis nous allons prendre un rendez-vous.
<u>Zouina</u> : Mais je serai obligée de vous parler ?
<u>L'éducatrice A.S.E.</u> ; C'est-à-dire ?
<u>Zouina</u> : Ben, c'est vrai j'appelle plus, mais je n'arrête pas de changer d'éducateur référent, j'ai compté, j'en ai eu quatre en tout et cinq avec vous, moi, j'en ai marre de raconter mon histoire tout le temps.

Ils relatent tous avoir subi des changements permanents de professionnels. Ces changements ou l'absence de liens avec les travailleurs sociaux de l'A.S.E. sont des évènements fortement critiqués par ces jeunes. L'A.S.E. est décrite comme une administration qui ne prend pas en compte les particularités individuelles des jeunes, avec laquelle ils ont peu de possibilités d'échanges :

> *Mais il y a pas de lien... tu la vois deux semaines avant pour qu'on parle un peu, pour qu'elle sache un peu de quoi il s'agit. Il n'y a pas de lien avec l'A.S.E.. L'éduc, elle vient ici deux semaines avant, on discute un peu, pour voir l'inspectrice... et c'est ça quoi, c'est ça le lien. Donc il n'y a pas de lien, ils ne te mettent pas la pression. Ils ne disent rien. Tu les appelles, ils ne sont jamais là, tu laisses un message, elle te répond ou pas, ça dépend... enfin. Moi, il y a mes sœurs qui sont placées, ma mère, moi j'ai envie de... des fois, il y a des choses, c'est abusé, mais tu peux rien faire, t'es impuissant... qu'est-ce que tu veux faire contre l'administration...* <u>Rémi</u>

Enfin, Zoé explique également le manque de considération qu'elle a vécu lorsqu'elle a reçu les renouvellements de contrat par courrier :

> *Non, je n'aimais pas parce que j'aurais voulu, je ne sais pas, qu'elle cherche à me rencontrer, je ne sais pas, j'aurais voulu, comme si c'était, que je n'aurais pas été qu'un courrier, tu vois ce que je veux dire ? Donc après, limite, ça n'a pas vraiment d'importance, oui c'est ça en fait, ça a pas vraiment d'importance.* <u>Zoé</u>

La relation de dépendance avec les professionnels et l'institution en général (l'A.S.E.) est revendiquée[164], en faisant valoir des conditions sociales et familiales difficiles et leur manque d'autonomie psychique ou matérielle. En même temps, ils critiquent fortement l'intervention éducative et le système :

> *... je sais qu'il y a d'autres jeunes qui ont réussi à faire ça. Sauf qu'eux ils étaient dans un autre contexte, ils étaient déjà en alternance, ils avaient de l'argent. Moi j'étais en général, je*

---

[164] Nous avons retrouvé également ce même schéma dans la typologie de « l'assistance revendicative », PAUGAM Serge, *La disqualification sociale, Essai sur la nouvelle pauvreté*, 1991

n'avais pas d'argent, zéro quoi. Je dépends financièrement à 100% de l'Etat quoi. Rémi

Le réseau

Ils ont tous maintenu des liens avec leur famille, mais lorsque nous les interrogeons sur ces liens, leurs discours sont empreints d'un sentiment d'isolement face au manque de soutien familial.

> Plus ou moins. Enfin, je peux compter sur ma famille en cas de dernier recours. Si j'ai que des valises, ils n'ont pas le choix quoi. Ma famille, ça reste ma famille, ils ne vont pas me dire non. Par contre si j'ai une situation à côté, et que si demain je disais « Je pars d'ici » volontairement, je romps le contrat, ma grand-mère elle ne va pas être contente, et mon père non plus. Si par contre ils me virent, ce n'est pas pareil, ce n'est pas je reviens volontairement, c'est que je n'ai pas le choix, ce n'est pas pareil. Rémi

Que leur réseau amical soit dense ou non, ils expriment l'impossibilité de pouvoir compter dessus en cas de « galère ». C'est ce qu'exprime Ninon, qui vit dans la crainte permanente d'un non-renouvellement de ses papiers. Seule sa sœur vit en France, avec qui elle est en conflit, ce qui d'ailleurs avait provoqué la cause de son placement :

> Y a personne, il y a que ma sœur. Il n'y a personne. Il y a que des amis, mais ils ne vont pas m'héberger une année ou quoi. Certainement. Vous savez déjà, les gens ils parlent après « Ouais, elle va nous rajouter des charges ici », ça ne va pas aller après. Vous croyez... vous ne connaissez pas... pouvez rester un mois et après deux mois, ils vont voir que vous êtes chiante, « Non, non, on veut plus d'elle ». Là, j'ai encore changé, je vais aller chez une autre personne. C'est comme j'ai une copine, elle va de maison en maison. Ninon

Leur rapport à l'insertion

Zouina, Ninon et Jeanne occupent toutes les trois un emploi à temps partiel au moment de l'entretien. Elles ne sont plus scolarisées et attendent d'entrer dans une formation. Zoé ne travaille pas et est à la recherche d'un emploi au moment de l'entretien et Rémi, quant à lui, ne travaille que quelques heures par semaine. Tous les deux ont fait des formations, orientées par la mission locale. Ninon, Jeanne et Rémi ont chacun échoué au baccalauréat. Ce qui est caractéristique de cette catégorie est le sentiment de déclassement qu'ils disent devoir supporter.

> *Si vraiment j'avais un contrat, j'allais d'abord réussir mon bac et je suis sûre que je l'aurais eu et j'allais faire directement infirmière. Mais le bac, comme c'est le bac général, ça va me prendre toute la journée, et je me vois mal travailler le soir. Quand est-ce que je vais préparer mon bac ? Vous voyez déjà... Je n'ai pas le choix. Il y a des autres choses, vous n'avez pas le choix. Si vraiment on me disait « Non, vous avez le contrat jusqu'à 25 ans », j'allais faire ma formation, c'est ça qui me dérange dans ma tête de ne pas avoir la formation que je voulais.* <u>Ninon</u>

Déclassement lié à l'échec au baccalauréat, très important dans leurs discours. Cet échec est une blessure personnelle, qui les empêche de poursuivre leurs ambitions professionnelles et d'accéder au statut social auquel ils aspirent. Et si les sociologues de la jeunesse n'identifient pas le baccalauréat comme un rite de passage à la vie adulte, pour ces jeunes, cet examen marque une transition vers ce statut, perçu comme la normalité (Rémi dit d'ailleurs que *« le bac, c'est comme tout le monde. Tout le monde a le bac, tout le monde le passe. »*), parlant tous de l'espoir de pouvoir le repasser un jour[165]. Ce déclassement est aussi vécu comme une dévalorisation, car ils se sont vus contraints de revoir leurs ambitions à la baisse. Ninon, qui rêve d'être infirmière, est obligée de passer les concours d'aide-soignante ; Jeanne, qui souhaitait être éducatrice de jeunes enfants, prépare également les concours d'auxiliaire de puériculture ; Zoé, qui rêvait d'être infirmière, a été orientée en BEP secrétariat (formation qu'elle abandonnera d'ailleurs très vite pour se retrouver déscolarisée), et

---

[165] La politique des « 80% au bac » (1985) a eu pour effet puissant d'imposer la norme des études longues dans les milieux populaires. T. Poullaouec, "Les familles ouvrières face au devenir de leurs enfants" *Economie et statistique*, 371, (2004) pp. 3–22.

enfin Zouina, qui souhaitait après son BEP sanitaire et social faire un bac professionnel, s'engage finalement à passer les concours d'auxiliaire de puériculture.

Alors que les « détachés » se déclarent fiers d'avoir su négocier ces orientations, ces jeunes témoignent de leur impossibilité de négocier. Par ailleurs, la fin du C.J.M. à 21 ans et leur crainte d'être à la rue influent sur leur orientation (arrêter les études pour travailler par exemple) :

> *Non, parce que... ce n'est pas que je ne voulais pas le repasser. Mais je pense je dois vite travailler, puisque je vais bientôt avoir 21 ans, si j'avais repassé mon bac je pense que ça aurait fait trop juste en fait. Après... .si le contrat s'arrête, il faudrait que je trouve un travail, et je pense que ça serait dur de trouver un travail plus un logement, parce qu'ici, le FJT c'est deux ans maximum. Je pense que c'est mieux que je travaille, c'est mieux que je trouve un travail.* <u>Jeanne</u>

Pour d'autres, c'est la mauvaise orientation scolaire dont ils ont été l'objet qui les a empêchés de mener à bien leurs projets :

> *Mais, vas-y, dans mon lycée, ils ne sont pas normaux... Parce que toute l'année, ils me disaient... ouais, arrête l'école, tu ne vas pas avoir ton BEP, patati, patata... Et quand ils ont su que j'avais mon BEP, ils m'ont donné ma feuille, c'était déjà trop tard, donc il y avait plus de place. Donc ce qui veut dire que je me suis inscrite en préparation aux concours qui ne permet pas de poursuivre les études.* <u>Zouina</u>

Ce sont ainsi les institutions qui sont responsables de leurs échecs ou de l'avortement de leur projet. Ils font valoir des défaillances morales et individuelles, se dégagent de toute responsabilité. Ils insistent lors des rendez-vous sur la façon dont ils ont été l'objet de mauvais traitements.

Ils ont très peur de l'avenir et craignent le départ. Face à cette appréhension, les allocations versées par l'A.S.E. sont épargnées, seul moyen pour prévenir cet avenir incertain :

> *Voilà, en plus de ça, tout l'argent que je vais toucher, je vais le mettre de côté, puisque je suis à la suite. Je vais me faire un pactole quand même à côté. Après, je vais aller en Fongecif et ils vont me payer autant que je gagnais pendant le C.D.D. pendant la formation. Et c'est-à-dire que je vais cumuler l'aide des*

Fongecif avec l'aide de l'A.S.E., et après, je vais partir de l'A.S.E., j'aurai toujours les Fongecif. Et j'aurai un pactole parce que j'aurai travaillé. Enfin, ça c'est si tout se passe bien. Mais je ne sais pas si ça va se passer comme ça... **Rémi**

Normalement il fallait qu'on me paye dans les mille et quelques, et moi je suis payée dans les 700... 700 ou 800, pas plus, quoi. Et moi, comme pour l'instant je suis prise en charge, je profite et j'ai mis mon argent de côté et j'essaie de m'acheter des trucs pour chez moi comme...
Comme la télé ?
Oui, comme la télé.
Et t'as acheté d'autres trucs comme ça ?
Oui, j'ai acheté... euh... la casserole là, pour faire du riz. Je ne sais pas comment on l'appelle (rires) et j'ai acheté un mixer là. Voilà, mais j'ai déjà commencé à acheter mes trucs depuis, j'ai acheté mes assiettes, j'ai acheté les verres. On m'a donné, où je travaille, les dames, les personnes âgées qui s'en servent pas, elles m'ont donné des couverts, voilà, ça m'a aidé quand même d'un côté.
Oui, parce qu'après, tu sais comment tu feras avec 700 ou 800 euros ?
C'est ça aussi, j'ai euh... l'idée dans ma tête de faire des économies, parce que s'il faut enlever le loyer là déjà, j'espère que j'aurai l'APL, parce que si je l'ai pas ça va être galère, parce que moi, mon FJT c'est dans les 300 euros. Et si déjà dans les 300 euros dans les... parce que c'est presque pas 800, on peut dire 700. Il me reste 400 faut aussi que je mange, que je m'habille... voilà, ça va être dur pour moi. La seule chose qui peut m'aider, c'est l'APL. Si on me donne l'APL je peux m'en sortir avec l'argent que j'aurai. **Ninon**

Tu économises pour quand ?
Pour l'instant j'économise, mais je ne sais pas quand je vais en profiter ! J'économise juste parce qu'on ne sait jamais, et pour prévoir pour plus tard. Et ça va changer.
Ca va changer ?
Bah oui, parce que je ne vais plus être prise en charge par le foyer, ça ne sera plus les mêmes choses quand je ne serai plus au foyer.
C'est dans trois mois que ca va changer, non ?
Oui. En plus ils prennent en charge les transports au foyer, ce sera à moi de devoir payer. **Zouina**

Le départ

Nous avons rencontré une seconde fois quatre jeunes qui reviennent régulièrement au foyer Belharra : Ninon, Zouina, Jeanne, et Zoé[166]. Aucune n'a été reçue aux concours qu'elles préparaient. Seule Jeanne a obtenu un CAP petite enfance qu'elle a effectué dans le cadre d'une formation accélérée, diplôme dont elle se sent fière. Ninon réside toujours dans le F.J.T.. Son C.J.M. s'est arrêté le jour de ses 21 ans. Elle a obtenu une carte de séjour pour un an et travaille toujours auprès des personnes âgées à domicile, elle a obtenu un emploi en C.D.I.. Elle effectue des démarches pour s'inscrire au diplôme d'accès aux études universitaire. Depuis le dernier entretien, Zouina a emménagé dans un F.J.T., elle est toujours prise en charge par Belharra et a signé un C.J.M. pour une durée de 3 mois. Elle travaille à temps partiel, en C.D.D. dans un parc d'attractions et ne s'est pas inscrite aux concours d'auxiliaire de puériculture. Elle devait suivre une préparation à ces concours mais ne s'y est rendue qu'à deux reprises. Elle nous expliquera au cours de notre conversation son soulagement d'avoir pu dire aux éducateurs qu'elle ne souhaitait pas s'engager dans cette formation. Elle avait accepté ce projet, nous dira-t-elle, pour s'assurer de la continuité du C.J.M.. Jeanne n'a plus de C.J.M. lorsque nous la revoyons. Après quelques mois passés au F.J.T., la structure Belharra s'est retirée de la prise en charge. Jeanne a alors été suivie seulement par l'A.S.E.. Quelques mois plus tard, dans l'année de ses 20 ans, l'A.S.E. met un terme à son contrat. Jeanne ne pourra pas nous en expliquer les raisons, mais l'arrêt du C.J.M. a provoqué l'arrêt du F.J.T., faute de ressources suffisantes. Elle se fait alors héberger par son beau-frère, puis par sa sœur et trouve finalement un logement autonome à 22 ans. Lorsque nous la revoyons, elle attend un enfant. Elle a le niveau baccalauréat et a obtenu un CAP petite enfance. Elle garde des enfants à domicile à temps partiel. Enfin, Zoé a 22 ans lorsque nous la revoyons. Elle a bénéficié d'un C.J.M. jusqu'à la date d'anniversaire de ses 21 ans.

---

[166] Nous avons passé un second entretien avec Jeanne et Ninon, mais les deux autres jeunes filles nous ont néanmoins informées de leurs situations sociales et professionnelles.

N'ayant toujours pas trouvé de travail, l'arrêt du C.J.M. provoque également l'arrêt du F.J.T.. Zoé s'installe chez sa sœur quelques mois, cohabitation qui se termine par un conflit ; après une période de « galère », elle est prise en charge par une association et trouve un hébergement en F.J.T., où elle reste une année. Elle travaille alors en intérim dans des maisons de retraite. Elle vient de trouver un appartement en colocation lorsque nous la rencontrons et est au chômage.

Ces catégories permettent d'appréhender certains mécanismes qui se mettent en place dans le parcours institutionnel des jeunes dans le cadre du contrat jeune majeur, selon la nature de leur relation avec les institutions. Il faut préciser que ces catégories ne sont intelligibles qu'au regard du contexte dans lequel nous les avons construites. Or, nous avons vu que le temps limité de la mesure de protection ainsi que son cadre contractuel sont les deux limites qui s'imposent aux acteurs. Il s'agit ainsi de comprendre comment elles influent sur les modalités de départ selon la catégorie observée. Nous avons vu que les jeunes majeurs ne se saisissent pas de la même façon de la logique de la contractualisation de leurs projets. Or, rappelons cette idée essentielle que « *pour pouvoir se projeter dans le futur, il faut disposer au présent d'un minimum de sécurité* ». Il s'agit en effet pour ces jeunes d'assurer leur sécurité présente et future. C'est la façon dont ils envisagent leur avenir qui conditionne la manière dont ils se saisissent du cadre contractuel.

Le « détaché » fait part d'une certaine maîtrise sur son avenir. Il a mis en place plusieurs « filets de sécurité » pour assurer son départ : une épargne, des liens avec sa famille, des relations avec les personnes extérieures au foyer et un emploi. Tous ces filets de sécurité lui assurent sa sécurité matérielle à l'issue du C.J.M. mais surtout de poursuivre ses études et d'obtenir le diplôme qui viendra valider son ascension sociale. Le C.J.M. n'est qu'un passage, mais un passage essentiel qui lui permet de capitaliser et d'investir sur son avenir. Le C.J.M. devient un support[167] qui lui garantit également sa sécurité et de s'affranchir du système de protection.

---

[167] Support au sens de Castel, opus cit, 2001.

Ces filets de sécurité lui donnent un pouvoir de négociation avec les institutions. La « co-construction » de son projet d'insertion devient un moyen de se détacher de l'assistance et de faire preuve de son autonomie. Le C.J.M. est un support pour accéder au statut social et professionnel auquel il aspire.

Pour le « reconnaissant », la contractualisation de la mesure, les échéances des contrats, les différentes étapes formalisées dans son parcours lui permettent de se mobiliser et de valider auprès de cet autrui significatif le mérite de son ascension sociale. Toutefois, le temps limité du C.J.M. lui donne cette impression « d'avoir grandi trop vite et de ne pas avoir eu de jeunesse ». Mais surtout, cette limite ne lui laisse pas suffisamment de temps pour terminer ses études et réunir le maximum de filets de sécurité avant sa sortie. Son diplôme est le support qui lui permet également de s'affranchir des tutelles. Ses études ne seront pas terminées à l'issue du C.J.M. et il ne se projette pas dans un statut de salarié à l'issue de la prise en charge. Son statut d'étudiant le rend ainsi dépendant des allocations qu'il perçoit par l'institution mais également d'autres institutions (bourses) à sa sortie. Son attachement aux travailleurs sociaux et son réseau relationnel constitué majoritairement d'autres jeunes du foyer accentuent ce sentiment d'insécurité. Ceci explique les inquiétudes qu'il formule quant à son avenir.

Le « dévalorisé » est celui qui a exprimé le plus d'appréhensions. Il vit dans l'incertitude du lendemain et la crainte de l'issue du C.J.M. hante son présent. Ce n'est pas le support matériel et économique qui lui fait défaut. Nous avons vu que trois sont en situation d'emploi. Mais au moment de l'entretien, le « dévalorisé » a vécu un échec à un examen et a dû se projeter dans un projet « par défaut », faute de temps. Ce n'est pas tant l'échec à l'examen qui entraîne chez lui un sentiment de déclassement mais le manque de perspective qui s'offre à lui. Le temps imparti à cette mesure joue contre lui. Il est ainsi dans une situation d'attente dont l'issue dépend non pas de sa responsabilité personnelle mais des institutions (concours, carte de séjour autorisant à travailler). La logique contractuelle ne prend la forme que d'une contrainte qui lui retire toute liberté d'action. L'impossibilité de maîtriser son avenir ne lui permet pas de négocier son projet de vie. Les contrats se transforment en « pseudo-contrats » qu'il signe, faute d'un projet précis ou qui corresponde aux attentes des professionnels. Par crainte d'être exclu de la mesure, il se soumet aux décisions qui sont prises pour lui, ne faisant qu'entériner un sentiment de dévalorisation. La durée limitée de la prise en charge génère de l'insécurité car elle ne lui a pas donné un temps suffisant pour vivre une période d'expérimentation et construire un projet lui permettant d'accéder au statut professionnel auquel il aspire.

Types de départ

Nous avons construit cinq modèles de fin de contrat jeune majeur qui, tout comme la catégorisation des jeunes, doivent être lus comme des modèles idéals, reprenant les traits caractéristiques principaux de chaque départ. Ces modèles ont été construits à partir de la confrontation des discours des jeunes et des professionnels.

Sortie n°1: Le départ accompli
Le jeune majeur quitte les dispositifs de la Protection de l'enfance en accédant à une indépendance matérielle et économique. Il a un statut de salarié, d'étudiant boursier ou étudiant salarié. Il peut s'agir également d'une future mère qui envisage une vie de couple ou qui a suffisamment de ressources pour vivre de façon indépendante. Le jeune se considère suffisamment autonome pour quitter le statut de jeune majeur. Le temps du C.J.M. a été un support qui lui a permis d'accéder ou d'envisager un statut qu'il juge gratifiant.

Sortie n°2: Le départ prématuré
Le jeune majeur quitte les dispositifs de la Protection de l'enfance en accédant également à une indépendance matérielle et économique. Il a aussi un statut de salarié, d'étudiant boursier ou d'étudiant salarié. Toutefois, à la différence du départ accompli, le jeune considère que le C.J.M. s'est terminé prématurément au regard de ses projets. Soit le temps du C.J.M. s'est révélé trop

limité pour accéder au statut scolaire et/ou professionnel auquel il aspirait le statut qu'il occupe etant considéré comme disqualifiant ou il considère qu'il avait encore besoin d'un soutien éducatif et exprime un sentiment d'isolement auquel il n'était pas préparé.

Sortie n° 3: le départ protégé
Le jeune majeur quitte les dispositifs avec un statut de « protégé ». La fin du C.J.M. glisse sur une autre forme de prise en charge institutionnelle. Il s'agit d'un jeune qui accepte un statut d'handicapé reconnu par la M.D.P.H.. Il peut s'agir également d'une jeune mère qui accepte de partir dans un foyer maternel.

Sortie n°4: départ forcé
Dans ce type de départ, le jeune est exclu des dispositifs de la Protection de l'enfance alors qu'il n'a pas acquis une indépendance matérielle et financière et qu'il est demandeur d'un C.J.M.. Il s'agit des fins de prise en charge provoquées parce que le jeune a enfreint les règles de l'établissement, parce que son inactivité a été jugée illégitime, ou enfin parce qu'il a refusé de se soumettre à certaines injonctions institutionnelles (présence aux rendez-vous, obligation de soins, orientation scolaire ou professionnelle…). Il considère ce départ comme une injustice.

Sortie n° 5: le départ volontaire
Pour ce départ, le jeune n'a pas accédé à une indépendance financière et matérielle mais décide de quitter les dispositifs de la Protection de l'enfance. Il s'agit d'un jeune qui refuse des injonctions institutionnelles, décide de retourner dans sa famille ou de vivre en couple.

Conclusion générale

S'interroger sur les modes de fin de prise en charge, c'est aussi se questionner sur le risque social[168] qu'encourt le jeune majeur à la sortie du dispositif. L'enjeu principal est en effet son futur statut d'adulte, chacun des acteurs et le jeune lui-même tendant à maîtriser sa trajectoire d'insertion. Nous ne pouvons assurément pas nous limiter aux conditions objectives des jeunes pour comprendre la façon dont ils envisagent leur avenir et préparent ainsi leur départ. Si le diplôme, l'emploi, l'épargne sont des ressources qui leur assurent une sécurité, ces facteurs ne nous renseignent pas sur le sens du vécu des jeunes et la façon dont ils se projettent dans leur vie adulte. Par exemple, dans la catégorie des « dévalorisés », certains travaillent, ce qui peut être perçu par les travailleurs sociaux comme valorisant et sécurisant. Pourtant, les jeunes interrogés jugent ce statut dévalorisant parce qu'ils disent avoir sacrifié leurs ambitions pour assurer leur avenir matériel, ce qui les empêche d'avoir « un rapport enchanté »[169] en l'avenir.

La parole des jeunes a été essentielle. Il s'agissait d'analyser à partir de leurs discours la nature de leurs relations avec les institutions pour mieux comprendre leurs logiques d'action. Nous ne prétendons pas avoir analysé tous les mécanismes qui se mettent en place durant leur parcours au sein des institutions de la protection de l'enfance. Toutefois, nous pouvons rendre compte de trois éléments essentiels.

D'une part, la logique de contractualisation engendre des inégalités. Il ne s'agit pas de rejeter cette logique qui a également des effets positifs dans le parcours d'insertion de certains jeunes. L'individualisation des mesures, sous-tendue par la logique contractuelle, permet aux professionnels d'être au plus près d'eux et de mieux prendre en compte leurs projets. Elle permet ainsi pour le « détaché » mais également pour le « reconnaissant » de négocier

---

[168] Le risque social est défini comme « *un événement qui compromet la capacité des individus à assurer eux-mêmes leur indépendance sociale* ».
[169] CASTEL Robert, *L'insécurité sociale, qu'est-ce qu'être protégé ?* Seuil, 2003.

leur futur statut d'adulte et d'être reconnus comme des acteurs responsables de leur parcours d'insertion. Toutefois, elle devient source d'insécurité et tend à faire porter la responsabilité sur le jeune dès lors que son projet n'est pas encore stabilisé, c'est du moins ce que nous avons constaté pour les « dévalorisés » dont les situations les rendent incapables de négocier avec les professionnels. En effet, la logique contractuelle « *place le bénéficiaire en situation de demandeur, faisant comme s'il disposait du pouvoir de négociation nécessaire pour nouer une relation de réciprocité avec l'instance qui dispense les protections* »[170]. L'individualisation des mesures a engendré nous l'avons vu une sélection plus accrue des jeunes souhaitant accéder au statut de jeune majeur, ce qui interroge notamment le droit des jeunes en difficultés familiales, sociales et scolaires à bénéficier d'une appartenance collective.

D'autre part, les logiques politiques, qui axent leurs interventions sur une approche biologique des âges de la vie, sont génératrices d'incertitudes. Elles considèrent les jeunes majeurs comme s'ils avaient tous les mêmes ressources au même moment et au même âge. Or, les « détachés », les « reconnaissants » et les « dévalorisés » n'ont justement pas les mêmes ressources au moment de l'entretien. Les « détachés » et les « reconnaissants » sont inscrits dans un projet d'insertion suffisamment précis pour être validé par les professionnels. Les « dévalorisés » sont à un moment de leur vie durant lequel leur projet a été révisé suite à un échec, reste encore très flou et dépend de facteurs exogènes.

Ceci nous amène au troisième élément qui est la limite temporelle de la mesure. Celle-ci tend également à considérer les jeunes majeurs comme possédant les mêmes ressources. Cette limite temporelle est exacerbée par le manque de réponses institutionnelles à la sortie du dispositif. Réponses qui pourraient justement sécuriser la sortie des jeunes qui n'ont pas pu acquérir suffisamment de supports durant la période du C.J.M.. Or, si les « détachés » ont montré une capacité à sécuriser leur parcours durant ce temps limité de la prise en charge, les « reconnaissants » et les « dévalorisés » manquent précisément de temps. Ainsi, alors que le temps de la

---

[170] CASTEL Robert, *opus cit,* 2003.

jeunesse est défini par la désynchronisation des seuils de passage et se caractérise aujourd'hui par une période pour les jeunes de « tâtonnements et d'expérimentations », force est de constater que la durée limitée du C.J.M. ne permet pas cette expérimentation. Ces « tâtonnements », ces périodes de « recherche de soi » et « d'expérimentation » ne sont possibles que dans un temps très limité pour ces jeunes. Certes, nous l'avons observé chez les professionnels, les jeunes peuvent changer de projet au cours de leur prise en charge, changer d'orientation scolaire et être également dans une période d'inactivité. Cependant, les professionnels, lorsqu'ils sont confrontés à la crainte d'une précarisation des situations à l'issue du C.J.M., incitent les jeunes à trouver un statut de salarié même lorsqu'ils souhaitent poursuivre leurs études. Les capacités de négociation et de mise en relation du jeune reposent avant tout sur sa capacité à maîtriser son avenir. Le risque de la contractualisation du projet est de favoriser les jeunes qui possèdent le plus de ressources et de tenir pour responsables ceux qui n'accèdent pas à une réussite sociale et professionnelle.

Postface
« Les tensions temporelles de la protection »

Marc Bessin
Sociologue au CNRS, enseignant à l'EHESS et directeur de l'IRIS.

Prolonger par quelques paragraphes cette exploration des mesures de protection prises pour les jeunes majeurs n'a pas d'autre objectif que de tirer un fil d'analyse complémentaire, parmi d'autres possibles. Si ce que l'on vient de lire peut nourrir bien des discussions, notamment parmi les professionnels qui auront sans doute été touchés par la justesse des problèmes traités par cette recherche et des analyses proposées, j'encouragerais pour ma part à débattre des enjeux politiques du travail social. Et il me semble que l'ouvrage de Nathalie Guimard et Juliette Petit-Gats met particulièrement bien en lumière la centralité des questions temporelles pour tenter de trouver du sens aux interventions sociales, ici pour les jeunes en difficulté, mais plus globalement pour des publics plus diversifiés, touchés par la crise et la précarité.

Les contrats jeunes majeurs visent une catégorie d'âge précise, ce qui d'emblée restreint les temporalités biographiques à un temps chronologique avec l'âge de l'état-civil, à partir des dix-huit ans de la majorité jusqu'à vingt-et-un ans. Cette contrainte chronologique a-t-elle un sens au regard de la flexibilisation des temps de l'existence ? En prolongeant une action éducative menée antérieurement, au nom de la protection de l'enfance, et souvent depuis de longues années, parfois ponctuées de traumatismes associés aux ruptures de placement, cette mesure questionne aussi le temps de l'intervention professionnelle des travailleurs sociaux. Alors que les contraintes économiques et les injonctions à l'autonomie tendent à réduire les horizons temporels de l'action éducative, l'enjeu de la relation entre ces jeunes et leurs éducateurs devient toujours plus prégnant. Mais comment cette relation peut-elle dès lors s'élaborer autrement que dans la durée ? Ces deux aspects du temps du contrat jeune majeur, liés au parcours de vie et à l'intervention éducative, permettent de situer certaines des tensions temporelles qui sont à l'œuvre dans la protection des personnes.

Les catégories temporelles de l'intervention sociale

Le parcours de vie, en tant qu'institution sociale organisant et régulant culturellement, socialement et juridiquement l'existence des individus, est en pleine mutation. Le modèle du parcours des âges s'est édifié autour de l'adulte autonome, intégré socialement avec un statut lié à un emploi et une vie sociale, notamment familiale, lui permettant entre autres de vivre dans un logement indépendant. C'est un modèle ternaire, où les âges périphériques à l'âge adulte (jeunesse et vieillesse) étaient l'objet d'une politique de protection du fait d'une vulnérabilité et de déficits. Ces mesures et ces actions visaient ceux et celles qui ne peuvent pas encore, pour les jeunes, ou plus tout à fait, pour les vieux, bénéficier d'une pleine indépendance. Si l'on sait que ce modèle reposait sur beaucoup d'illusions quant à cette indépendance et sur l'invisibilité de bon nombre de soutiens, notamment féminins, pour asseoir cette autonomie, il reste qu'il a permis d'ancrer solidement nos représentations des âges et de leurs attributs. Pour autant, cette institutionnalisation du parcours de vie reposait sur un temps stable et linéaire, qui semble aujourd'hui vaciller. Les incertitudes planent désormais sur les trajectoires des individus, qui deviennent de plus en plus difficiles à programmer. On assiste en effet à une déstandardisation des étapes et des temps de la vie, mais qui se manifeste de manière très différenciée socialement.

La plus grande flexibilisation des temporalités biographiques pose des questions d'envergure pour l'action sociale et éducative. L'âge de la majorité ne correspond plus depuis bien longtemps à un âge d'intégration sociale et professionnelle, et ce d'autant plus pour des jeunes ayant accumulé au cours de leur vie des difficultés. Or c'est justement à ces personnes particulièrement vulnérables que l'on va demander des gages supplémentaires, une exposition cohérente des garanties d'engagement sous forme de projet individuel, pour pouvoir bénéficier d'un prolongement de protection. L'ouvrage montre bien la logique de la contrepartie et de l'activation qui est à l'œuvre pour ces jeunes sous protection, et plus généralement dans le travail social. Le paradoxe qui en résulte, souvent dénoncé, notamment par Robert Castel[171], est que l'on en vient à demander toujours plus à ceux et celles qui ont déjà bien peu de ressources pour s'en sortir. Un second paradoxe temporel accompagne cette logique de la responsabilisation des plus fragiles : on en arrive à davantage chronologiser et ritualiser des parcours qui sont plus particulièrement soumis à la flexibilité. Alors que la déstandardisation des parcours sociaux induit une certaine déritualisation des carrières biographiques, pour ces jeunes les seuils d'âge comme la majorité cristallisent bon nombre d'enjeux cruciaux. Ce passage est ainsi ritualisé autour de la signature de contrat après la rédaction d'une lettre explicitant son projet personnel. Or ces jeunes sont les plus exposés à l'incertitude et à l'absence de perspectives stables, et Nathalie Guimard et Juliette Petit-Gats montrent que le recours au projet sert surtout à montrer sa capacité d'adaptation et de relation.

Cette première tension temporelle de la protection des jeunes majeurs pose le problème des catégories temporelles de l'intervention sociale lorsqu'elle participe d'une politique de l'individu. L'activité des services sociaux se concentre en effet désormais sur l'individu, en l'enjoignant sans cesse de devenir l'entrepreneur de sa propre existence. La relation y est centrale, en devenant le lieu moteur de la mobilisation de l'individu. Le travailleur social l'accompagne de manière pragmatique sous le registre de la présence sociale pour entretenir cette relation, l'écouter afin de l'aider à élaborer son parcours. Ce type d'intervention sociale se distingue comme politique de l'individu en ce qu'elle ne considère plus les personnes visées comme faisant l'objet d'une intégration collective ou d'un processus d'insertion sociale, au sein de la société et d'un groupe social, celui des adultes par exemple. Or le rite n'avait de sens en tant que rite de passage, avec ses logiques de séparation, de marge et d'agrégation, qu'au

---

[171] Castel R., *La montée des incertitudes, Travail, Protections, Statut de l'individu,* Paris, Seuil, 2009.

regard de cette dimension collective : trouver sa place dans le groupe et dès lors rendre efficace la catégorie qui s'y réfère. Ce que l'on pourrait appeler la ritualisation individuelle semble dès lors relever d'un autre type de fonctionnement social. Mais c'est aussi un autre type de temporalité qu'elle convoque. En ce sens, la tension temporelle particulièrement visible au sein du dispositif des contrats jeunes majeurs illustre un moment ambivalent, entre l'affirmation de politiques de l'individu qui ne peuvent pas, par définition, reposer sur des catégories temporelles telles que l'âge chronologique, et la prégnance des modes d'inscription sociale sur lesquels le travail social s'appuie encore.

Quelle temporalisation pour l'action éducative ?

Protéger un jeune, mais jusqu'à quand ? Au seuil de sa majorité, nous disait la société chronologisée. Le contrat jeune majeur a été justement conçu pour atténuer la rigidité des logiques de seuils d'âge, une forme de transition pour tenter d'adapter la temporalité institutionnelle aux évolutions des temporalités biographiques. Mais on l'a vu, cette contrainte chronologique s'avère bien difficile à gérer au regard de la réalité sociale que vivent ces jeunes. On a aussi le sentiment, à partir des situations restituées dans l'enquête, qu'elle renforce l'idée qu'une intervention sociale ne peut s'éterniser, qu'elle doit avoir une limite et que même si elle s'appuie arbitrairement sur l'âge biologique, le seuil permet de fixer cette fin de la protection, de manière presque performative. Cela permet peut-être aussi de comprendre le recours fréquent au rite dans le travail social. En tout cas, cette discussion nous amène à nous interroger plus généralement sur les enjeux de temporalisation de l'action sociale et éducative.

L'activation consiste à mobiliser les usagers pour devenir des acteurs de leur prise en charge, mais elle répond aussi à une logique gestionnaire, pour lutter contre « les dépenses passives ». En somme, l'Etat social actif qui se met en place semble accréditer la vieille antienne, revenant régulièrement dans le débat politique, selon laquelle il faudrait cesser d'encourager les usagers des services sociaux à s'installer dans l'assistance. L'esprit gestionnaire, la chasse aux dépenses et la restriction des ressources qu'il induit, ont imposé dans le secteur social une exigence comptable qui se transforme parfois en une conversion à une logique de marché. En tout cas, la discrète chalandisation du social[172] tend assurément à diminuer les temps d'intervention, à restreindre les durées de séjour en établissement, bref, à remettre en cause le temps long qui était au fondement de l'intervention éducative. Les travailleurs sociaux sont ainsi confrontés à une problématique largement répandue, au-delà de leur activité professionnelle, celle de l'emprise du court-termisme, de l'exigence d'immédiateté et de visibilité dans les actions qu'ils mettent en œuvre, autrement dit, ils n'échappent pas à ce que François Hartog désigne comme le régime d'historicité contemporain de notre société, le présentisme[173]. Dans ce contexte, pour retrouver un sens à leur pratique et ne pas s'engager cyniquement dans leur métier, ils doivent résister à ce rétrécissement des horizons temporels, en travaillant avec un souci de temporalisation. Inscrire son intervention dans la durée, en intégrant les éléments du passé pour adapter son action présente en dégageant un horizon à plus long terme, tel est bien l'ambition du travail social, qui se trouve bien contrariée par l'esprit gestionnaire.

Cette tension temporelle supplémentaire qui apparaît bien à la lecture du livre permet d'éclairer l'émergence du registre de la présence sociale dans le secteur de la protection de l'enfance. C'est justement les enjeux temporels de cette notion que je retiens dans ce tournant pragmatique des interventions sociales. La présence sociale qui s'instaure dans les relations éducatives avec ces jeunes, durant leur placement ou pendant leur contrat jeune majeur, est représentative d'une tension permanente dans l'acte de protection. Cette présence oscille en effet sans cesse entre une volonté normative, dans la tradition de l'action éducative, et une tendance forte aujourd'hui à laisser le jeune développer son propre chemin d'insertion. Et cette tension s'inscrit dans une problématique classique de l'accompagnement et du contrôle social, entre un pôle

---

[172] Chauvière M., *Trop de gestion tue le social. Essai sur une discrète chalandisation*, Paris, La Découverte, 2007.
[173] Hartog F., *Régimes d'historicité présentisme et expériences du temps*, Paris, Seuil, 2003.

sécuritaire et un pôle plus protectionnel. Entre « surveiller » et « veiller sur », la différence est parfois difficilement palpable, d'où les dilemmes moraux auxquels sont confrontés les professionnels lorsqu'ils se posent la question du prolongement de l'intervention en cas de problèmes posés par le jeune. Si le travail social a sans doute bien évolué face à la question de l'autorité, il a pu parfois se résigner à certaines pratiques autoritaires issues du registre sécuritaire qui a marqué cette dernière décennie à propos des jeunes en difficulté. Les politiques sécuritaires qui ont par exemple remis en cause le principe de protection des mineurs en matière pénale répondent à des logiques de visibilité et de chiffre, elles entretiennent en cela une prégnance de l'immédiateté et du court-termisme au dépend de la temporalisation des pratiques de prévention et d'éducation.

Sans complètement échapper à cette tendance autoritaire, le secteur social ne cesse cependant de défendre ce qui fonde ses pratiques et reste attaché au temps long qui le caractérise. Par là, il s'inscrit profondément dans une action d'autorité, parce que l'autorité est bien un enjeu temporel alors que l'autoritarisme lui échappe. En insistant sur la dimension temporelle de la relation, la présence sociale déplace aussi la question de la professionnalité, souvent posée en termes de pouvoir, en ce que celui-ci est lié au partage de l'espace, vers celle de l'autorité qui appelle la reconnaissance et se déploie dans la durée[174]. C'est bien là l'enjeu de la temporalisation de la présence sociale auprès de ces jeunes, des interventions qui ne se réduisent pas au présent de l'interaction, mais qui s'inscrivent dans la durée du lien qui y est tissé.

---

[174] Revault d'Allonnes M., *Le pouvoir des commencements. Essai sur l'autorité*, Paris, Seuil, 2006.

ANNEXES

ANNEXE 1: Bibliographie

ARBORIE Anne-Marie, FOURNIER Pierre, *L'enquête et ses méthodes, l'observation directe*, Armand Colin, collection 128, Paris, 2008 (2ᵉ édition).

ARNETT, Jeffrey Jensen, « Youth at Risk: Toward Realizing the Possibilities of Emerging Adulthood », actes du colloque « Passage à la vie autonome des jeunes en difficulté », ENAP, Montréal, Québec, les 4 et 5 juin 2009.

ASTIER Isabelle, DUVOUX Nicolas (sous la direction de), « L'institution de la dignité dans la société contemporaine : réflexions à partir du cas français », in *La société biographique : une injonction à vivre dignement*, L'Harmattan, Paris, 2006, 212 p., pp.15-31.

ASTIER Isabelle, *Les nouvelles règles du social*, Paris, PUF, collection « Lien social », 2007, 200p.

ATTIAS-DONFUT Claudine, *Générations et âges de la vie*, Paris, PUF, collection « Que sais-je ? » n° 2570, 1991, 126p.

AUTES Michel, *Les paradoxes du travail social*, 2004, Dunod, collection « Action sociale », 327p.

AVENEL Cyprien, « La relation aux aides sociales du point de vue des familles bénéficiaires », *Recherches et prévisions*, n°72, juin 2003.

BAJOIT Guy, *Le changement social, approche sociologique des sociétés occidentales contemporaines*, 2003, Armand Colin, collection « Cursus sociologie », 188p.

BARBIER Jean-Claude, *La longue marche vers l'Europe sociale*, Paris, PUF, collection « Lien social », 2008.

BARTHOLOME Christophe, « l'accompagnement : un concept au cœur de l'Etat social actif, le cas des pratiques d'accompagnement des personnes handicapées », *Pensée plurielle*, N°10 2005/2.

BEAUD Stéphane, PIALOUX Michel, *Violences urbaines, violence sociale. Genèse des nouvelles classes dangereuses*, Fayard, 2003, 426p.

BEC Colette (sous la direction de PROCACCI Giovanna), *De la responsabilité solidaire*, Syllepse, 2003, 288p.

BECK Ulrich, *La société du risque*, Flammarion, 2003, 522p.

BESSIN Marc, « La compression du temps : une déritualisation des parcours de vie ? », *Education permanente*, n°138, " Les âges de la vie ", 1999-1, pp. 75-85.

BESSIN Marc, « Les transformations des rites de la jeunesse », in *Les transformations des rites de la jeunesse : Rites et seuils, passages et continuités* (sous la direction de), *Agora Jeunesse* n°28, 2002, pp. 12-20.

BESSIN Marc « Le recours au rite, l'expérience du service militaire », in *Les transformations des rites de la jeunesse : Rites et seuils, passages et continuités* (sous la direction de), *Agora Jeunesse* n°28, 2002, pp. 34-45.

BIDART Claire, « Crises, décisions et temporalités », *Cahiers internationaux de sociologie*, 2006, N°120, pp29-57.

BIDART Claire (sous la direction de), « Les transitions vers l'âge adulte : différenciations sociales et culturelles » in *Devenir adulte aujourd'hui, perspectives internationales*, L'Harmattan, 2006, 232 p. pp. 9-20.

BLANPAIN Nathalie, « Perdre un parent pendant l'enfance : quels effets sur le parcours scolaire, professionnel, familial et sur la santé à l'âge adulte ? *Etudes et résultats*, N° 668, DRESS, Oct. 2008.

BLOSS Thierry et FERONI Isabelle, « Jeunesse : objet politique, objet biographique », *Enquête*, n°6, *La socialisation de la jeunesse*, 1991 mis en ligne le 8 février 2006 http://enquete.revue.org/document147.html

BLOSS Thierry, « Une jeunesse sur mesures, la politique des âges », in *Cahiers internationaux de sociologie*, décembre 1994, pp. 253-276.

BORLA Emmanuelle, « Le revenu minimum d'insertion, entre « assistance » et « nouvelles solidarités » », p.136 à 146, in *La solidarité, un sentiment républicain ?*, sous la direction de J. Chevallier, Paris, PUF, 1992.

BOURDIEU Pierre, « Les rites comme actes d'institution ». In: *Actes de la recherche en sciences sociales.* Vol. 43, juin 1982. *Rites et fétiches.* pp. 58-63.

BOUTEREAU TICHET S, JOURDAIN MENNINGER D, LANNELONGUE C, *Le travail social auprès des jeunes en difficulté dans leur environnement*, Rapport 2005 013 Tome I/II juillet 2005 effectué pour l'Inspection générale des affaires sociales.

BOUTINET Jean-Pierre, *Psychologie des conduites à projet*, Paris, PUF, 2004 (1ère édition 1993), 126p.

BONVIN J-M, MOACHON E, « L'activation et son potentiel de subversion de l'Etat social », *L'Etat social actif, vers un changement de paradigme* (2005): 63–92.

BOUTANQUOI Michel, *Pratiques, représentations sociales, évaluation : logiques individuelles et collectives autour de la relation d'aide*, HDR, 2009.

BOZON Michel, « Des rites de passage aux premières fois, une expérimentation sans fin » in *Les transformations des rites de la jeunesse : Rites et seuils, passages et continuités* (sous la direction de Marc Bessin), *Agora Jeunesse*, n°28, 2002, pp. 22-33.

CARDI Coline (janvier février 2007), « La mauvaise mère, figure féminine du danger », in *Mouvements*, n°49.

Castel R., *La montée des incertitudes. Travail, Protections, Statut de l'individu,* Paris, Seuil, 2009.

CASTEL Robert et HAROCHE C. *Propriété privée, propriété sociale, propriété de soi : entretiens sur la construction de l'individu moderne*, Fayard, 2001.

CASTEL Robert, *L'insécurité sociale : qu'est-ce qu'être protégé ?* Paris, Editions du seuil, 2003.

CASTEL Robert, « Devenir de l'Etat providence et travail social », dans *Le travail social en débat*, sous la direction de Jacques Ion, Paris, La Découverte, 2005, pp. 27 à 49.

CHAUVIERE M., *Trop de gestion tue le social. Essai sur une discrète chalandisation*, Paris, La Découverte, 2007.

CICCHELLI Vincenzo et MERICO Maurizio, « Le passage tardif à l'âge adulte des Italiens : entre maintien du modèle traditionnel et individualisation des trajectoires biographiques », *Horizons stratégiques* 2/2007 (n° 4), pp. 70-87.

CORBILLON Michel, « Un outil pour approcher les pratiques en AEMO », in *L'AEMO en recherche*, Association Jean Cotxet, 2001, Paris, Matrice, collection « Point d'appui ».

COUSIN Olivier, « Les mutations du travail social : De la transformation du public aux changements dans le mode des prises en charge », *Sociologie du travail*, n°2, 1996, pp. 141-161.

CUNNINGHAM Hugh, « Pourquoi les jeunes Anglais quittent-ils si tôt leurs parents ? » *Revue de l'OFCE*, n°72, pp.207-215, 2000.

DANANCIER Jacques, *Le projet individualisé dans l'accompagnement éducatif : contexte, méthodes, outils*, 2004.

DAVID Myriam, *Le placement familial, de la pratique à la théorie*, 2004 (5 ème édition), Paris, Dunod.

DUBAR Claude, *La crise des identités*, PUF, collection « Lien social », 2007 (3ème édition), 239p.

DUBET François, (préface) CASTRA Denis, *L'insertion professionnelle des publics précaires*, édition PUF, collection « Travail humain », 2004, 200p.

DUBOIS Vincent, « Déclin des droits sociaux et augmentation des demandes d'aide », in *Le travail social en débat(s)* (sous la direction de ION Jacques), La Découverte, 2005, 268p.

DURAND Michel, « la dimension incertaine du projet dans le processus de modernisation des politiques sociales », *EMPAN* 2002-1 (n°45), pp. 25 à 28.

DUVOUX Nicolas, *L'autonomie des assistés*, Paris, PUF, collection « Lien social », 2009, 288p.

ELIAS Norbert, *la société de cour*, 1985.

EHRENBERG Ulrich, *La fatigue d'être soi*, 2000, Odile Jacob, 414 p.

ESTRADE Marc-Antoine, MINNI Claude, « La hausse du niveau de formation. La durée des études a doublé en 50 ans », in *Insee Première*, septembre 1996.

FRANSSEN Abraham, « L'Etat social actif et la nouvelle fabrique du sujet » in *La société biographique : une injonction à vivre dignement*, L'Harmattan, « Logiques sociales », 2006, 212p.

FRECHON Isabelle, *L'insertion sociale et familiale de jeunes femmes anciennement placées en foyer socio-éducatif*. Thèse de doctorat de démographie et de sociologie sous la direction de Catherine Bonvalet, Paris, Université de Paris X-Nanterre, 2003.

FIRDION Jean-Marie, « Influence des événements de jeunes et héritage social au sein des populations utilisatrices des services d'aide aux sans-domiciles », *Economie et statistique*, 2006, pp. 85-114.

JAUNEAU Yves, « L'indépendance des jeunes adultes : chômeurs et inactifs cumulent les difficultés », *Etudes sociales*, n°1156, INSEE, sept.2007.

JUNG Céline, *L'Aide sociale à l'enfance et les jeunes majeurs : comment concilier protection et pratique contractuelle*, L'Harmattan, 2010.

GALLAND Olivier, « Entrer dans la vie adulte : des étapes toujours plus tardives mais resserrées », *Economie et statistique*, n° 337-338, 2000-7/8.

GALLAND Olivier, *Sociologie de la jeunesse*, Armand Colin, Paris, 2007.

GASQUET Céline, ROUX Valérie, « Les sept premières années de vie active des jeunes non diplômés : la place des mesures publiques pour l'emploi », in *Economie et statistique*, n°400, 2006.

GERAUD Dominique, *L'imaginaire des travailleurs sociaux*, Téraèdore, Paris, 2006, 144p.

GIULIANI Frédérique, « la procédure de l'entretien individualisé dans le travail d'accompagnement : quand usagers et intervenants sociaux ont à organiser l'expérience de situations sans qualité », in *La société biographique : une injonction à vivre dignement* (sous la direction de DUVOUX Nicolas et ASTIER Isabelle), L'Harmattan, Paris, collection « Logiques sociales », 2006, 212p.

GOFFMAN Erving, S*tigmate, les usages sociaux du handicap*, 1977, p. 99.

GUILLEMARD Anne-Marie, *Où va la protection sociale ?*, PUF, 2008.

GUIMARD Nathalie, PETIT-GATS Juliette, « des jeunes en quête de statut », in *Recherches familiales*, n°7, Janvier 2010.

GUIMARD Nathalie, « Le service de suite des anciennes de la villa Préaut », Actes du 4ème Carrefour de l'association Jean Cotxet, 25 septembre 2006. Maison départementale des syndicats du Val-de-Marne.

HARTOG F., *Régimes d'historicité, présentisme et expériences du temps*, Paris, Seuil, 2003.

HERPIN Nicolas, DECHAUX Hugues, « Entraide familiale, indépendance économique et sociabilité », in *Economie et statistique*, n°373, 2004.

ION Jacques, *Le travail social au singulier*, Dunod, collection « Action sociale », 1998, 152p.

JOIN-LAMBERT Milova Hélène, *L'autonomie et les éducateurs de foyer. Pratiques professionnelles et évolutions du métier en France, en Russie, et en Allemagne*, thèse de doctorat de sociologie sous la direction de Régine Bercot, Université Paris 8, 2004.

KAUFMANN Jean-Claude, *L'entretien compréhensif*, seconde édition, Armand Colin, 2007.

LAFORE Robert, *L'évaluation des politiques sociales*, (sous la direction de B. Delage,) L'Harmattan, Paris, 2006, 334p, p.88.

LAVAL Christian, « Extension de la clinique au sein du dispositif RMI », in *Travail social et souffrance psychique*, sous la direction de jacques ION, Dunod, Paris, 2005.

LENOIR René, *Les exclus. Un Français sur dix,* Paris, Seuil, 1974.

LIMA Léa, « Le temps de l'insertion dans les politiques sociales, en France et au Québec », in *Devenir adulte aujourd'hui, perspectives internationales* (sous la direction de Claire Bidart), L'Harmattan, Paris, 2006, pp. 55-69.

LOPEZ Alberto, THOMAS Gwenaëlle, « L'insertion des jeunes sur le marché du travail : le poids des origines socioculturelles » *Données sociales*, La Société française, édition 2006.

MATRAY Bernard, « Intimité n'est pas insularité », in *Pudeur, Etudes* 2001/2, Tome 394, pp.180-196.

MAUGER Gérard, « La jeunesse dans les âges de la vie: une définition préalable », *Temporalistes*, n°11, 1989.

MAUGER Gérard, « Jeunesse : l'âge des classements, Essai de définition sociologique d'un âge de la vie », *Recherche et prévision*, n°40, Juin 1995, p 12.

MESSU Michel, *La pauvreté cachée, une analyse bachelardienne du concept de pauvreté*, L'Aube, 2003, p.91.

MESSU Michel, *Les assistés sociaux, suivi,de l'Assistance d'assurance*, Academic press Fribourg, 2009.

MESSU Michel, « Relation et éducation » in *Education et Société*, revue internationale de sociologie de l'éducation, n° 22, 2008.

MILNE Cheryl, *« Youth Transition to Independence », Permanency Planning in the Child Welfare System*, Children in Limbo Task Force of the Sparrow Lake Alliance, Ottawa, 2002.

MODELL J. *et al* (1976), « Social Change and Transition to Adulthood in Historical Perspective », *Journal of family History*, (1/1), pp. 7-32.

PARSONS T., « Age and sex in the social structure of the US », *American sociological review*, 1942, pp. 604-618.

PASSERON Jean-Claude, « L'inflation des diplômes », *Revue française de sociologie*, 23 (4), 1982.

PAUGAM Serge, *La disqualification sociale. Essai sur la nouvelle pauvreté*, PUF, collection « Quadrige essais débats », 1991.

PICARD Dominique, « Transition et ritualité dans l'interaction sociale », in *Connexions* 76, 2001-2, pp. 81-93.

POULLAOUEC T., « Les familles ouvrières face au devenir de leurs enfants », *Economie et statistique* 371, no. 1 (2004): 3–22.

RAVON Bertrand, LAVAL Christian, « Relation d'aide ou aide à la relation ? » in *Le travail social en débat*, opus cit, 2005.

RENE J-F., GOYETTE M., BELLOT C., DALLAIRE N., PANET RAYMOND J., « L'insertion socioprofessionnelle des jeunes : le prisme du partenariat comme catalyseur de la responsabilité », in *Lien social et Politique, RIAC* 46, automne 2001, *La responsabilité : au delà des engagements et des obligations*, pp. 125-139.

REVAULT D'ALLONNES M., *Le pouvoir des commencements. Essai sur l'autorité*, Paris, Seuil, 2006.

RIFFAULT Jacques, *Penser l'écrit professionnel en travail social, contexte, pratiques, significations*, seconde édition, Paris, Dunod, collection « Action sociale », 2006, 220p.

ROBIN Pierrine (et al.), Rapport de l'ONED (2009), « Entrer dans l'âge adulte. La préparation et l'accompagnement des jeunes en fin de mesures de protection ».

ROSANVALLON Pierre, *La nouvelle question sociale, repenser l'Etat providence*, Paris, Seuil 1995, p.127.

SEGALEN Martine, *Rites et rituels contemporains*, seconde édition, Armand Colin, collection 128, 2009 (2ème édition), 125p.

SEGUY I., BUCHET L., *Age biologique, âge démographique, âge sociologique. Enfants d'aujourd'hui, diversité des contextes, pluralité des parcours*, Paris, PUF, 2006.

SERRE Delphine, *Les coulisses de l'Etat social, enquête sur les signalements d'enfants en danger*, Raisons d'agir, cours et travaux, Paris, 2009, 321p.

SIMONNET Véronique, ULRICH Valérie, « La formation professionnelle et l'insertion sur le marché du travail : l'efficacité du contrat d'apprentissage », in *Economie et Statistique*, n°337-338, 2000.

SOULET Marc Henry, *Le travail social en débat*, sous la direction de Jacques ION, édition La Découverte, mars 2005.

STRAUSS Anselm, *Miroirs et masques, une introduction à l'interactionnisme*, 1992, Paris, Métailié, 191 p.

STRAUSS Anselm, *La trame de la négociation : sociologie qualitative et interactionnisme,* Editions L'Harmattan, 1992.

THOUVENOT Camille, *L'efficacité des éducateurs, une approche anthropologique de l'action éducative spécialisée*, L'Harmattan, collection « Le travail social », Paris, 1998, 323p.

VAN DE VELDE Cécile, *Devenir adulte. Sociologie comparée de la jeunesse en Europe,* Paris, PUF, collection « Lien social », 2008.

VAN GENNEP Arnold, *Les rites de passage* [1909] Paris, Picard, 1992, 288p.

VILBROD Alain, *L'identité incertaine des travailleurs sociaux*, L'Harmattan, collection « Le travail social », 2003, 430p.

VILLEUVE GOKALP Catherine, « Les jeunes partent toujours au même âge de chez leurs parents », *Economie et Statistique*, n°337-338, 2000.

WEBER Max, *L'éthique protestante et l'esprit du capitalisme*, Paris, Editions Plon, 1964.

Annexe 2 : Présentation des conditions d'accueil et d'hébergement des trois structures

Etablissement Belharra	Etablissement Jaws	Etablissement Kirra
Accueil de 31 adolescentes de 15 ans à 21 ans Habilité Justice et A.S.E.	Accueil de 30 jeunes à partir de 17 ans (mixte). Habilité A.S.E.	Accueil de 14 jeunes âgés de 18 à 21 ans (mixte). Habilité A.S.E.
Conditions d'hébergement : - Structure collective hébergeant environ 8 jeunes filles, mineures ou majeures, encadrées par une équipe jour et nuit. - Pavillon en colocation situé dans l'enceinte de l'établissement - Chambres en Foyer de Jeunes Travailleurs	Conditions d'hébergement : - Chambres de bonne - Un lieu commun est ouvert en journée et soirée, les jeunes pouvant s'y rendre quand ils le souhaitent et rencontrer les éducateurs.	Conditions d'hébergement - Studios - Appartements partagés - Un lieu commun est ouvert en journée et soirée, les jeunes pouvant s'y rendre quand ils le souhaitent et rencontrer les éducateurs.

Annexe 3: tableaux des enquêtés

Professionnels des structures	Structures
Educatrice 1	Jaws
Educatrice 2	Jaws
Educatrice 3	Jaws
Educatrice 4	Kirra
Educateur 5	Kirra
Educatrice 6	Belharra
Educatrice 7	Belharra
Educateur 8	Belharra
Educatrice 9	Belharra
Psychologue	Kirra
Professionnels de l'ASE	**Département**
Educateur ASE	75
Educatrice ASE	75
Educatrice ASE	94
Educatrice ASE	94
Educatrice ASE	91
Inspectrice ASE	94
Inspectrice ASE	94
Ex Inspectrice ASE	75

Les Jeunes	Age	Structure	Catégorie
Boris	22	Kirra	Détaché
Mathieu	20	Kirra	Détaché
Samuel	20	Kirra	Reconnaissant
Marie	23	Kirra	Reconnaissant
Muriel	23	Jaws	Reconnaissant
Tarik	20	Jaws	Détaché
Jonathan	20	Jaws	Reconnaissant
Rémi	20	Jaws	Dévalorisé
Sarah	19	Belharra	Reconnaissant
Anne	18	Belharra	Reconnaissant
Myriam	19	Belharra	Reconnaissant
Ninon	20	Belharra	Dévalorisé
Zouina	19	Belharra	Dévalorisé
Jeanne	20	Belharra	Dévalorisé
Zoé	19	Belharra	Dévalorisé
Soraya	19	Belharra	Détaché
Noemie	20	Belharra	Détaché
Julie	19	Belharra	Reconnaissant

TABLE DES MATIERES

PREFACE DE DAVID PIOLI — 7

INTRODUCTION — 11

Le travail de terrain — 15
- La population enquêtée par questionnaire — 16
- Les entretiens semi-directifs passés… — 17
- Observations participantes de signatures de contrat jeune majeur — 17
- Recueil de lettres de jeunes — 18

PARTIE 1 : TRANSITION VERS L'AGE ADULTE : CAS PARTICULIER DES JEUNES MAJEURS — 19

I/ Aujourd'hui, devenir adulte — 19
- A/ Le passage à l'âge adulte, des définitions plurielles — 19
- B/ Une indépendance de plus en plus tardive — 21
- C/ Une désynchronisation des seuils de passage — 24

II/ Les jeunes, cibles de l'intervention publique — 27
- A/ Les politiques d'insertion en faveur des jeunes — 27
- B/ Les politiques à l'égard des jeunes majeurs — 30

III/ La transition jeune majeur: une démarche ritualisée — 35
- A/ Rites administratifs — 36
- B/ Rites éducatifs — 44

PARTIE 2 : EXPERIENCES VECUES PAR LES PROFESSIONNELS — 51

I/ La construction d'une évaluation individuelle — 53
- A/ Des objectifs et des limites à l'intervention socio-éducative — 53
- B/ La subjectivité des évaluations — 54
- C/ Les registres d'arbitrage — 57
- D/ L'évaluation des situations — 61

III/ La prise en compte des contraintes et conséquences sur les pratiques 67
    A/ La contrainte temporelle 67
    B/ La contrainte contractuelle 76
    C/ La contrainte économique 78

IV/ Espaces de négociation 86
    A/ Les comportements jugés déviants 86
    B/ L'inactivité du jeune 88
    C/ Les grossesses 92

V/ Entre évaluation individuelle et prise en compte des contraintes, les types de contrat proposés 97

PARTIE 3 : LES JEUNES MAJEURS 101

I/ Qui sont les jeunes majeurs de l'association Jean Cotxet? 101
    Le parcours institutionnel 101
    La situation socioprofessionnelle 102
    Le type d'études suivies 102
    Les diplômes 102
    La déscolarisation 103
    Les liens familiaux 103

II/ La catégorisation des jeunes majeurs 105

III/ Le détaché 111
    L'entrée dans le champ de l'assistance 111
    Le parcours institutionnel 113
    Le réseau 114
    Le lien avec les professionnels 116
    Le cadre contractuel 119
    Leur rapport à l'insertion 120
    La revendication d'un statut d'adulte 122
    Le départ 126

IV/ Le reconnaissant 129
    L'entrée dans le champ de l'assistance et parcours institutionnel 130
    Le lien avec les professionnels 133
    Le réseau 137
    Le cadre contractuel 138
    Leur rapport à l'insertion 140

Le départ	141
V/ Le dévalorisé	**143**
L'entrée dans le champ de l'assistance	143
Le parcours institutionnel	145
Le cadre contractuel	147
Le lien avec les professionnels	149
Le réseau	152
Leur rapport à l'insertion	152
Le départ	156
Types de départ	**159**
Conclusion générale	**161**

POSTFACE « LES TENSIONS TEMPORELLES DE LA PROTECTION » MARC BESSIN 165

ANNEXES 171

ANNEXE 1: Bibliographie	**171**
Annexe 2 : Présentation des conditions d'accueil et d'hébergement des trois structures	182
Annexe 3: tableaux des enquêtés	183

L'HARMATTAN, ITALIA
Via Degli Artisti 15; 10124 Torino

L'HARMATTAN HONGRIE
Könyvesbolt ; Kossuth L. u. 14-16
1053 Budapest

L'HARMATTAN BURKINA FASO
Rue 15.167 Route du Pô Patte d'oie
12 BP 226 Ouagadougou 12
(00226) 76 59 79 86

ESPACE L'HARMATTAN KINSHASA	**L'HARMATTAN CONGO**
Faculté des Sciences sociales,	67, av. E. P. Lumumba
politiques et administratives	Bât. – Congo Pharmacie (Bib. Nat.)
BP243, KIN XI ; Université de Kinshasa	BP2874 Brazzaville
	harmattan.congo@yahoo.fr

L'HARMATTAN GUINEE
Almamya Rue KA 028, en face du restaurant Le Cèdre
OKB agency BP 3470 Conakry
(00224) 60 20 85 08
harmattanguinee@yahoo.fr

L'HARMATTAN CÔTE D'IVOIRE
M. Etien N'dah Ahmon
Résidence Karl / cité des arts
Abidjan-Cocody 03 BP 1588 Abidjan 03
(00225) 05 77 87 31

L'HARMATTAN MAURITANIE
Espace El Kettab du livre francophone
N° 472 avenue du Palais des Congrès
BP 316 Nouakchott
(00222) 63 25 980

L'HARMATTAN CAMEROUN
BP 11486
Face à la SNI, immeuble Don Bosco
Yaoundé
(00237) 99 76 61 66
harmattancam@yahoo.fr

L'HARMATTAN SÉNÉGAL
« Villa Rose », rue de Diourbel X G, Point E
BP 45034 Dakar FANN
(00221) 33 825 98 58 / 77 242 25 08
senharmattan@gmail.com

652577 - Mai 2016
Achevé d'imprimer par